Yvonne Oswald

Salzkammergut

lesethek

Bibliografische Information Der Deutschen Bibliothek:
Die Deutsche Bibliothek verzeichnet diese Publikation in der Deutschen Nationalbibliografie; detaillierte bibliografische Daten sind im Internet über http://dnb.ddb.de abrufbar.

ISBN 978-3-99100-002-0

1. Auflage 2009

Braumüller GmbH, Servitengasse 5, A-1090 Wien

http://www.lesethek.at
http://www.braumueller.at

Quellennachweis: Karte S. 3 © Ed. Hölzel, Wien, www.hoelzel.at, Fotos S. 10 und 11 Naturhistorisches Museum Wien, Fotos S. 7, 18, 22, 23, 25 Archiv Salinen Austria AG.
Wir danken den Salzwelten Altaussee und Hallstatt für die Aufnahmegenehmigung in den Schaubergwerken.

Fotografien: Yvonne Oswald
Text: Sandra Vlasta
Vorwort: Alfred Komarek
Cover, Innengestaltung und Ausarbeitung: reiter ad work, A-8010 Graz

Druck: Ferdinand Berger & Söhne Ges.m.b.H., A-3580 Horn

Bild Vor- und Nachsatz: Spiegelung bei Unterach am Attersee

lesethek

Yvonne Oswald

Salzkammergut

Mit einem Vorwort von Alfred Komarek

Text: Sandra Vlasta

lesethek

Das Salzkammergut

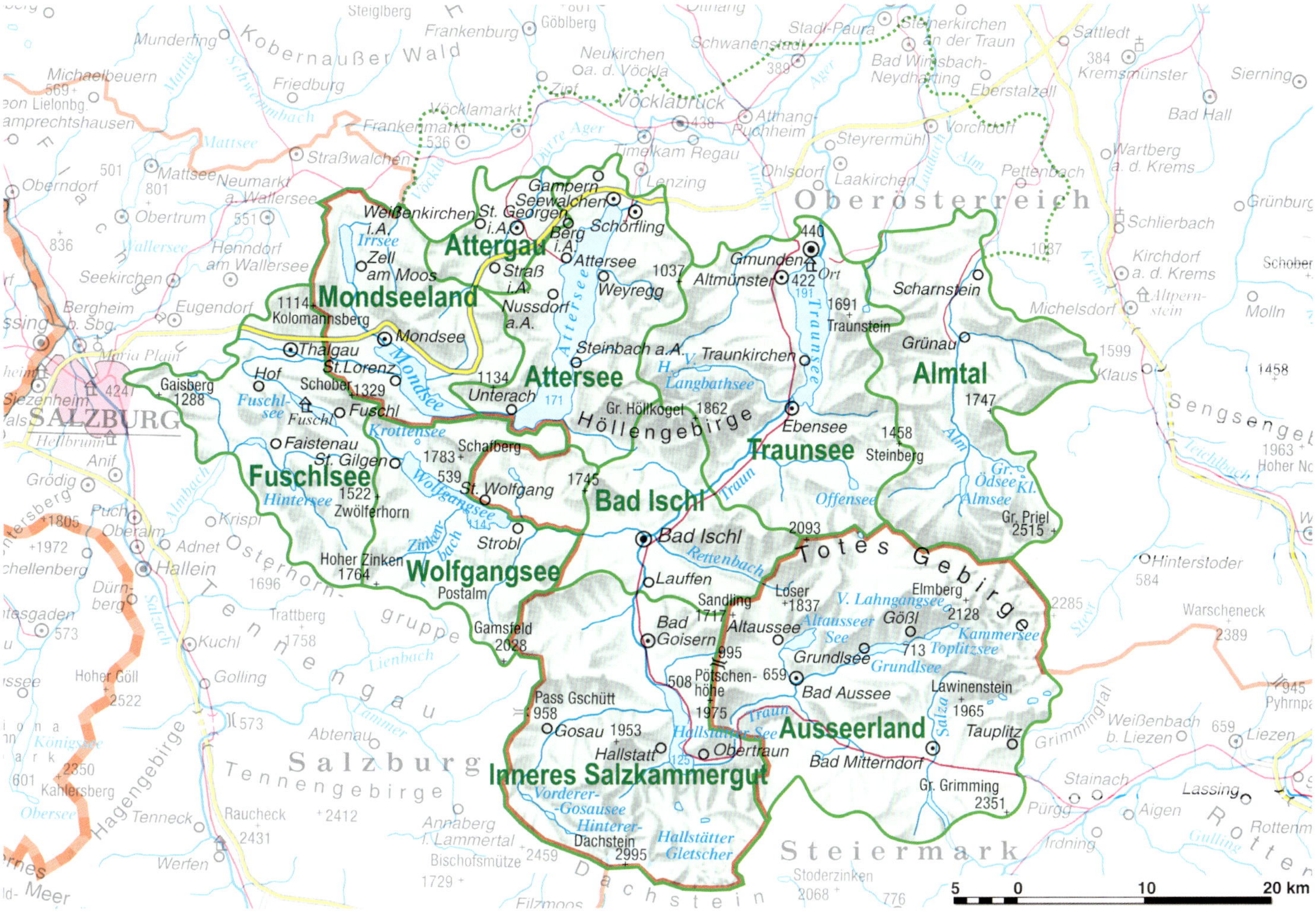

Einige Gemeinden, die innerhalb der punktierten Linie liegen, gehören ebenfalls zum Salzkammergut.

Vorwort

Sie wollen wissen, warum das Salzkammergut so ist, wie es ist? Ich weiß es nicht, kann aber Indizien anbieten.

Eine bildschöne Alpenlandschaft, reich an Seen, gibt es anderswo auch, sogar mit Salz. Doch Hallstatt ist einzigartig: Hier spannt die Geschichte der Salzgewinnung einen Bogen über Jahrtausende. Wie in prähistorischen Zeiten fahren noch heute Knappen in den Berg, und dabei wird es wohl noch viele Jahre bleiben. Eine Arbeitswelt, die so unvorstellbar lange lebendig ist, ohne sich in ihrem Wesen zu ändern, hat die Kraft, nachhaltig zu gestalten. Die Menschheitsepoche der Hallstattzeit bedeutete für ein entlegenes Hochtal in der Waldwildnis über dem See internationale Handelsbeziehungen, Reichtum und hochstehende Kultur.

Salz prägte auch die Siedlungsgeschichte seit ihren Anfängen. Hallstatt entstand dort, wo auf dem schmalen Uferstreifen vor hochragenden Felswänden kaum Platz zum Bauen und zum Leben blieb – doch hier war die ideale Schnittstelle zwischen der Salzproduktion und dem Transport auf dem Wasserweg. Goisern mit seinen zahlreichen, weit verstreuten Ortsteilen erzählt vom Leben der Holzfäller, deren Siedlungen in der Nähe reicher Waldbestände errichtet wurden. In Bad Ischl geben noch heute die winzigen Häuser der ehemaligen Knappensiedlung Perneck Zeugnis vom kargen Leben. Ebensee, seit jeher als Salinen-Standort von zentraler Bedeutung, folgte durch Jahrhunderte stets dem Diktat des Notwendigen und des Zweckmäßigen und die weite Fläche der namensgebenden „See-Ebene" machte kompakte Strukturen verzichtbar. In Gmunden hingegen regierte das Salzamt, hier gab es Geld für theatralische Gediegenheit. Noch heute teilt die Traunbrücke, wo dereinst die Salzschiffe anlegten, das bescheidenere Traundorf von der wohlhabenden, selbstbewussten Welt der Altstadt.

Die wirtschaftliche Bedeutung des Salzkammergutes reichte über dessen historische Grenzen hinaus. Es wurden gewaltige Mengen Holz benötigt, Nahrungsmittel mussten eingeführt werden. Damit kam auch das Land um den Wolfgangsee und den Attersee ins Spiel, auch das Almtal.

Gute vier Jahrhunderte lang blieb das Salzkammergut ein intensiv genutzter vorindustrieller Wirtschaftsraum im Eigentum des Hauses Habsburg. Adeliger Müßiggang war hier nicht erwünscht. Es ging ausschließlich darum, die Privatschatulle des Herrscherhauses zu füllen. Das erforderte gut organisiertes, effizientes Wirtschaften, vor allem aber die umfassende Nutzung heimischer Arbeitskraft. Wer hier lebte, war zwar vom Wehrdienst befreit, hatte sich aber in eine rigide Ordnung zu fügen, die auch das Privatleben betraf. Ein dermaßen strenges Diktat förderte allerdings auch einen gewissen Hang zur Anarchie: Volksmusik und Brauchtum als Schlüssel zu Lustbarkeiten aller Art, Schützenvereine als Vorstufe zu finsterer Wilderei.

Neben dem Salzamt war stets auch die Kirche eine Ordnungsmacht: Erst katholisch, dann in einem für Rom bestürzenden Ausmaß lutherisch, endlich, trotz Gegenreformation, sowohl als auch. Besonders in Hallstatt, in Goisern und in der Gosau ragen evangelische wie katholische Kirchtürme gleichermaßen eindrucksvoll himmelwärts.

Die Welt des Glaubens kam allmählich wieder ins Gleichgewicht. Die Welt das Salzes hingegen geriet mit dem Beginn des industriellen Zeitalters vollends aus den Fugen: Das weiße Gold wurde ein billiges Industrieprodukt.

Innerhalb weniger Jahrzehnte veränderte sich die Identität des Salzkammergutes tief greifend. Die Habsburger kamen nur noch um zu jagen. Als dann Ischl mit neuartigen Solebädern als Kurort bekannt wurde, ereignete sich ein Glücksfall mit ungeahnter Folgewirkung: Der bedenklich lendenlahme Erzherzog Franz Karl zeugte nach einer Solekur gleich drei „Salzprinzen". Einer von ihnen, Franz Joseph, machte dann Ischl zu seiner Sommerresidenz, und damit wurde die ganze Region ein neu zu entdeckendes Reiseziel. Mit dem Kaiser kamen dessen Gäste, der Hofstaat, Künstler, wohlhabende Bürger und elegante Gauner. Das Zeitalter des Fremdenverkehrs überformte rasch die alten Siedlungsstrukturen mit Freizeitarchitektur. Villen stehen heute als Denkmal einer Zeit da, in der die Städter mit großer Geste und schwärmerischen Gemüts daran gingen, die Landschaft zu erobern. Den schlichten Bewohnern des Salzkammergutes

blieb es vorbehalten, das alte „Brückl", den überdachten Hauseingang, durch die helle, freundliche Veranda zu ersetzen – Luxus für alle.
Jene, die früher gut vom Salz hatten leben können, waren nun arbeitslos – oder sie machten weiter ihre Geschäfte. Salzfertiger, dereinst für die Verpackung und den Transport des Minerals zuständig, besannen sich darauf, dass auch die Gastgerechtigkeit zu ihren Privilegien gehörte, vermieteten Villen und bauten stattliche Wirtshäuser. Der „Grüne Baum" in Hallstatt, das „Weinhaus Attwenger" in Ischl und das „Weinhaus Spießberger" in Gmunden sind so entstanden.
Während Ischl sich mit Hotelpalästen und gründerzeitlicher Prachtenfaltung beeilte, seiner Rolle als Kaiserstadt gerecht zu werden, unternahm auch Gmunden energische Anstrengungen, sich als Kurort zu profilieren, Aussee und Goisern versuchten es in einem etwas bescheideneren Rahmen. Die Eisenbahn und eine schon lange ersehnte Straßenverbindung zwischen Gmunden und Ebensee brachten immer mehr Besucher ins Land, überall regten sich Initiativen, um die neue Einkommensquelle zu nutzen.
Ja und dann ... ein vom Kaiser in Ischl unterzeichnetes Schriftstück, das letztlich Krieg bedeutete, das Ende der Monarchie. In der von Krisen aller Art geschüttelten Ersten Republik tröstete der trügerische Glanz der Operettenkaiser, aber auch eine neue Sommerfrischekultur, eine bürgerliche diesmal, getragen von Kreativen aller Art, darunter auch viele jüdische Gäste.
Und wieder Krieg, Nazibonzen und Widerstand.
Als der Lärm endlich verklungen war, besannen sich die Bewohner des Salzkammergutes erleichtert ihrer kleinen, wohlgeordneten, von Bergen eingezäunten Welt. Nur zögernd wagte man sich daran, das schrecklich missbrauchte Wort „Heimat" wieder in den Mund zu nehmen, Tracht, Brauchtum und Volksmusik von ideologischen Altlasten zu befreien. Gottlob gab es auch bald wieder Gäste, darunter viele, denen das Salzkammergut zur zweiten Heimat wurde.
Ein spannendes Wechselspiel zwischen Bewahrung und Veränderung, eine seltsam harmonische Mischung von Gegensätzen machen heute den besonderen Reiz dieses Lebensraumes aus, dieser Lebensräume, besser gesagt. Denn das Salzkammergut mag sich nach außen als eine in sich geschlossene Region präsentieren, fast schon als zehntes Bundesland, von innen gesehen beeindruckt aber reiche Vielfalt. Alle paar Kilometer ändert sich das Bild der Landschaft, reden, musizieren und denken die Leute ein wenig anders.
Darum ist das vorliegende Buch ja auch so facettenreich geworden. Das Salzkammergut hat nun einmal viele Seiten.

Alfred Komarek

Salz – Das weiße Gold
Geschichte des Salzkammerguts

Salzkammergut – der Name der Region macht bereits deutlich, worauf ihr Reichtum gründet, was diesen Zusammenhalt unterschiedlichster Gebiete über die Jahrhunderte geschaffen hat und nach wie vor formt: Salz, das weiße Gold. Die Geschichte des kostbaren Gutes ist untrennbar mit jener des Salzkammerguts verbunden. Nach den neuesten archäologischen Funden ist anzunehmen, dass diese Verbindung vor rund 7.000 Jahren begonnen hat und nach wie vor ist Salz, abgesehen von der wunderbaren Landschaft, einer der Schätze der Region.

Das Salzkammergut wurde bis zum 16. Jahrhundert das „Ischlland" genannt, bereits Anfang des 14. Jahrhunderts war es zum „Kammergut" geworden. Dies bedeutet, dass es dem Landesfürsten unterstellt war und direkt von der Hofkammer in Wien verwaltet wurde. Wiederum ist es das Salz, das dieses große Interesse der Landesherren, der Habsburger, begründet. Bis Mitte des 19. Jahrhunderts wurde zwischen dem oberösterreichischen und dem steirischen Salzkammergut unterschieden. Als das einst mächtige Salzamt 1850 zur Salinen- und Forstdirektion wurde und die Region immer stärker vom Fremdenverkehr profitierte, wurden auch die alten Grenzen nicht mehr so streng gesehen. Und so gehören heute auch Regionen zum Salzkammergut, die vormals hauptsächlich als Holzlieferanten für den Betrieb der Salinen wichtig waren, aber selbst nicht zum Kammergut zählten.

Bild unten: Die Dächer von Hallstatt
Bild rechte Seite oben:
Historische Salzproduktion – leere Sudpfanne
Bild rechte Seite unten:
Wolkenverhangener Sandling mit dem Altausseer See

Salz – Wertvoller als Gold

„Ohne Salz, mein Gott, kann man kein zivilisiertes Leben führen", sagte Plinius der Ältere im 1. Jahrhundert n. Chr. Tatsächlich ist Salz notwendig, um lebenswichtige Körperfunktionen aufrecht zu erhalten. Aber auch die heilende Wirkung von Salz, etwa in Form von Salzbädern, wurde bereits im 16. Jahrhundert erkannt. Nach wie vor ist Salz im Kurwesen wie auch im Krankenhausbetrieb unersetzlich.

In prähistorischer Zeit konnten die Menschen ihren Salzbedarf durch den Verzehr von Fleisch decken. Tiere benötigen ebenfalls Salz, um zu überleben; das von ihnen an natürlichen salzhaltigen Wasserstellen aufgenommene Salz bleibt im Fleisch erhalten. Tiere waren es übrigens auch, die Menschen zu den Salzquellen geführt haben. Als man begann, Lebensmittel z.B. durch Trocknen, Dörren oder Räuchern haltbar zu machen, entdeckte man, dass die Beigabe von Salz eine wirkungsvolle Methode ist. Milch kann so zu Käse verarbeitet, Fleisch, für dessen Konservierung es großer Mengen Salz bedarf, kann auf diese Weise weiter transportiert werden. Dies eröffnete die Möglichkeit zum Handel mit Lebensmitteln auch über längere Distanzen hinweg. Da Salz bei weitem nicht überall verfügbar war, wurde es zum begehrten und teuren Handelsgut. Der Reichtum vieler Fürsten- und Bistümer gründete auf dem Salzwesen. Man denke nur an Salzburg, dessen noch heute bewunderte barocke Bauten zum Großteil durch das „weiße Gold" finanziert wurden.

Der Hallstätter Salzberg – Salzgewinnung seit 7.000 Jahren

Über den Beginn des Salzabbaus im Salzkammergut weiß man wenig, die frühesten Funde am Salzberg in Hallstatt – ein Pickel aus Hirschgeweih sowie einige Steinbeile – sind ungefähr 7.000 Jahre alt. Allerdings ist es bislang nicht gelungen, die vielen Rätsel, die sich aus den Funden ergeben, zu klären. So stellt sich etwa die Frage, warum Steinbeile zur Holzverarbeitung auf dem damals unbesiedelten Salzberg gefunden wurden. Wofür wurde das Holz hoch oben am Berg verwendet? Wurde damit gebaut oder verwendete man es als Brennholz, um das Salz aus der Sole, dem salzhältigen Wasser, zu gewinnen?

Unklar ist auch, wie der jungsteinzeitliche Salzabbau funktioniert hat. Wurde das Salz bereits unter Tag abgebaut oder wurden lediglich die Solequellen genützt? Andernorts war Bergbau jedenfalls bereits bekannt, so gab es in Bayern um 5000 v. Chr. bereits ausgedehnte Feuersteinbergwerke.

Bild: Archäologen selchen den Speck wie in prähistorischer Zeit.
Bild rechte Seite: Ein einzigartiger Fund – die gut erhaltene bronzezeitliche Holzstiege

Die erste Blüte des prähistorischen Salzabbaus in Hallstatt

Die Blütezeit des prähistorischen Salzabbaus in Hallstatt konzentriert sich auf zwei Perioden: die mittlere Bronzezeit (um 1500 v. Chr.), aus der die ältesten Nachweise für Salzbergbau stammen, und die Hallstattzeit (900 v. Chr. bis Mitte des 4. Jahrhunderts v. Chr.). Aus der Bronzezeit sind drei große Schachtanlagen bekannt, die vertikal in den Berg getrieben über 100 Meter Tiefe erreichen. Im Christian von Tuschwerk und im Appoldwerk wurden jeweils so genannte Füllorte, von denen aus das Salz in die Höhe transportiert worden war, freigelegt, im Grünerwerk blieb sogar ein 3.500 Jahre alter Schacht in seiner ursprünglichen Form erhalten. Das war nur möglich, weil sich der Hohlraum mit Sediment von der Oberfläche gefüllt hatte, ansonsten wäre er, genau wie andere prähistorische Bergwerke, durch den sogenannten Bergdruck völlig verschwunden.

Aus der Bronzezeit sind zahlreiche Werkzeuge bekannt: Pickel, Tragekörbe, Holzschaufeln, Seile

Prähistorische Schinkenproduktion im Salzbergwerk

Bei Ausgrabungen in den Jahren 1993/94 im Hochtal wurden große Mengen von Schweineknochen aus der Bronzezeit gefunden. Offensichtlich wurden bestimmte, fleischreiche Teile der Schweine nach ihrer Schlachtung ins Hochtal gebracht. Nachdem die Teile fertig tranchiert waren, pökelte man das Fleisch in eigens angelegten Surbecken. Schließlich wurde der Speck in der rauchigen Luft des Salzbergwerks durch Selchen endgültig haltbar gemacht. Wahrscheinlich waren weit über den Eigenbedarf hinaus große Mengen an Fleisch verarbeitet und mit dem Speck Handel getrieben worden.

Archäologen sowie Bergleute in Hallstatt haben diese Methode der Fleischkonservierung in Experimenten nachgestellt – mit köstlichem Ergebnis: Der Speck entwickelt einen so kräftigen Geschmack, dass nicht nachgewürzt werden muss.

etc. Nicht mehr funktionstüchtige Stiele der zum Abbau verwendeten Bronzepickel wurden einfach im Bergwerk zurückgelassen. Sie blieben in der salzhältigen und damit gut konservierenden Umgebung erhalten. Mit den Pickeln wurden parallele Rillen in den Berg geschlagen, das dazwischenliegende Salz ausgebrochen. Größere Salzplatten schlug man nur bei Gelegenheit aus, bevorzugt wurde kleinstückiges Salz aus dem Bergwerk transportiert. Dafür verwendete man Tragsäcke, die zu den bekanntesten Funden aus den prähistorischen Bergwerken gehören. Sie waren aus ungegerbter Rinderhaut gefertigt, mehrfach mit Holz verstärkt und konnten bis zu 30 Kilogramm kleinstückiges Salz, das so genannte Hauklein, fassen.

2003 machten die Archäologen einen weiteren spektakulären Fund: Im Christian von Tuschwerk gab das Heidengebirge – Gesteinszonen, in denen Spuren von prähistorischem Bergbau zu finden sind – die mit 3.350 Jahren wohl älteste Holzstiege der Welt frei. Besonders eindrucksvoll ist die flexible Konstruktionsweise dieser Stiege, die in Einzelteile zerlegbar und je nach Neigung verstellbar ist. Ein Zeugnis hoher bronzezeitlicher Ingenieurskunst!

Der bronzezeitliche Bergbau fand wohl durch geologische Ereignisse sein Ende. Alle drei bekannten Schächte waren mit Material, das durch Felsstürze und Muren von der Oberfläche des Bergs eingedrungen war, gefüllt. Die Schächte brachen dadurch ein, zum Teil wurden sie mit Wasser gefüllt.

Bild: Stiergriffgefäß aus der Hallstattzeit

Hallstattzeit

300 Jahre nach dem Ende des bronzezeitlichen Salzabbaus begann jene Peride, deren Namen die Wissenschaft Mitte des 19. Jahrhunderts von dem Hauptfundort abgeleitet hat: die Hallstattzeit. Es ist die wahre Blütezeit des prähistorischen Salzabbaus, während der Hallstatt zu einem bedeutenden Wirtschaftszentrum wurde. Luxusgüter aus weit entfernten Regionen konnten im berühmten Gräberfeld oberhalb des heutigen Ortes sichergestellt werden – Zeichen für intensiven Handel und Austausch. Allerdings verlor Hallstatt zu jener Zeit auch seine Monopolstellung. Salzabbau während der älteren Eisenzeit, wie die Periode wegen des neu entdeckten Rohstoffs auch genannt wird, kann ebenso im benachbarten Dürrnberg bei Hallein nachgewiesen werden.

Trotz des neuen Werkstoffs Eisen verwendeten die Bergleute in Hallstatt weiterhin Bronzepickel, der Grund dafür konnte bislang nicht geklärt werden. Verändert wurde allerdings die Abbauart des Steinsalzes. Man ging nun dazu über, große Steinsalzplatten aus dem Berg zu lösen. Diese Art des Salzabbaus hat Spuren hinterlassen: Herzförmige Abbaufiguren, die berühmten „Hallstätter Herzen", zieren die Wände und Decken des eisenzeitlichen Hohlraums im Stügerwerk. Das dabei anfallende kleinstückelige Salz wurde einfach im Bergwerk zurückgelassen; die Archäologen haben große Mengen davon im Heidengebirge gefunden. Eine mögliche Erklärung für die veränderte Technik ist die Konkurrenzsituation: Die Salzplatten könnten das Qualitätsmerkmal für Hallstätter Salz gewesen sein.

Erhalten sind uns aus dieser Zeit außerdem Kleidungsstücke, die im Salz auf einzigartige Weise konserviert wurden, verschiedene Werkzeuge des täglichen Gebrauchs und menschliche Exkremente, die Rückschlüsse auf die Ernährungsgewohnheiten unserer eisenzeitlichen Vorfahren möglich machen. – Die Mischung aus Gerste, Hirse, Saubohnen und knorpelreichem Fleisch erinnert übrigens stark an das „Ritschert", ein Gericht, das auch heute noch zur regionalen Küche des ostalpinen Raums gehört.

Im Unterschied zur Bronzezeit, aus der wir hauptsächlich Spuren des Salzabbaus, aber kaum solche des täglichen Lebens haben, ist aus der Hallstattzeit mit dem Gräberfeld ein Zeugnis prähistorischer Zeit erhalten. Bereits im frühen 18. Jahrhundert wurde von Skelettfunden im Hallstätter Hochtal berichtet. Die wichtigsten frühen Ausgrabungen stammen allerdings aus der Mitte des 19. Jahrhunderts, als Bergmeister Johann Georg Ramsauer insgesamt 980 Gräber freilegte. Ramsauer war zwar archäologischer Laie, doch führte er systematische Ausgrabungen durch, die detailliert dokumentiert wurden. Von seiner Arbeit liegen hervorragende Aquarelle der Gräber vor, die Isidor Engl, ein Salinenbeamter, angefertigt hat. Bis in die heutige Zeit gab es immer wieder Grabungstätigkeiten, die stets neue Gräber – insgesamt sind es mittlerweile 1.500 – zu Tage gebracht haben.

Bild oben: Die Hallstätter Herzen im prähistorischen Salzbergwerk
Bild unten: Plan des Gräberfeldes von Johann Georg Ramsauer

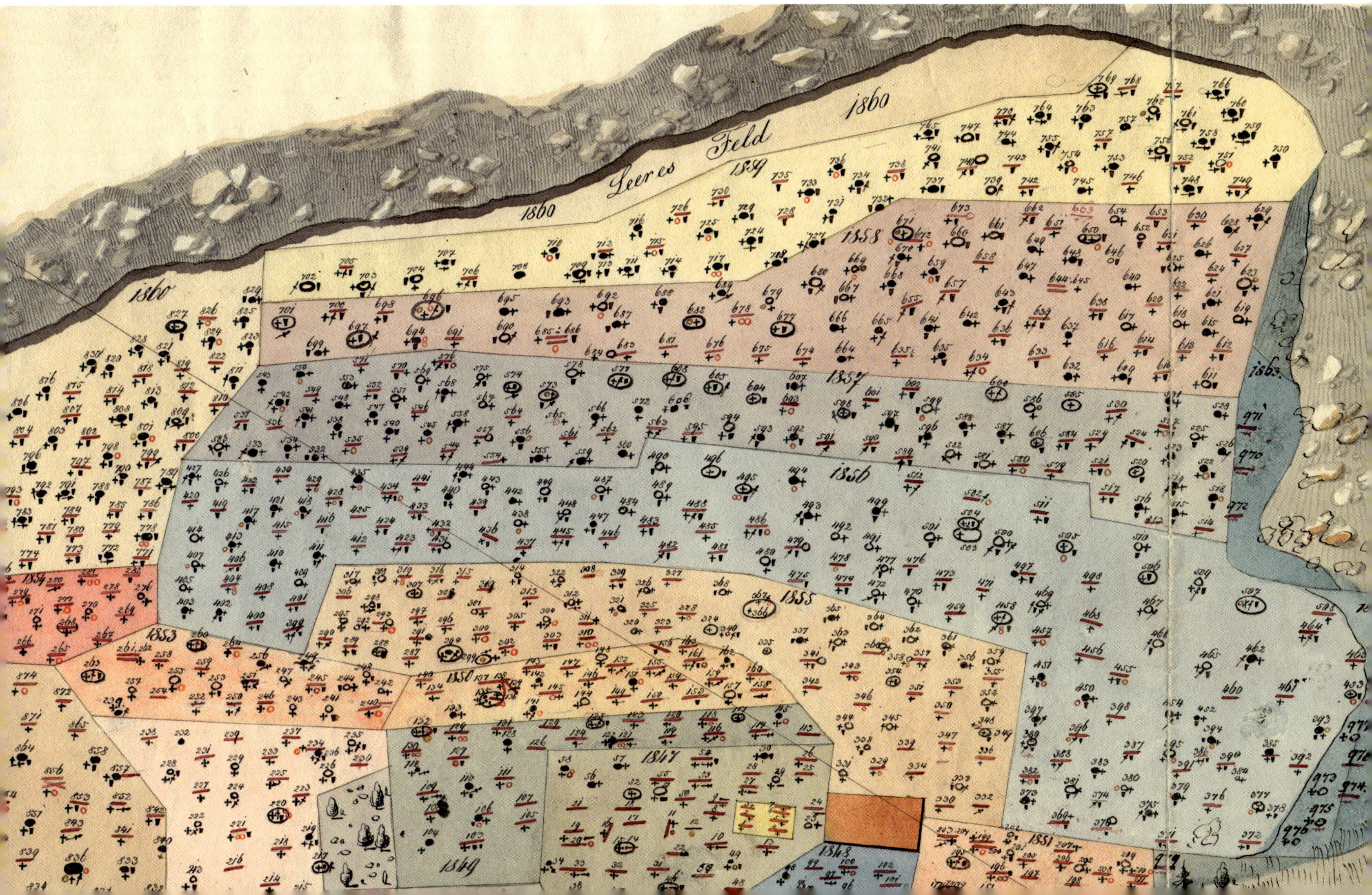

Interessant sind vor allem die Grabbeigaben: Ton- und Keramik-, ja sogar Glasgefäße, wahrscheinlich Proviantbehälter und zum Zeitpunkt der Bestattung mit Speisen und Getränken gefüllt. Auch Haar- und Gewandnadeln, Fibeln sowie Eisenmesser, Dolche und Schwerter sind in den Gräbern erhalten geblieben. Die außerdem als Grabbeigaben vermuteten Gewänder, Bänder, Tücher, Speisen und Getränke zerfallen im Boden bereits nach wenigen Jahrzehnten und können nicht mehr nachgewiesen werden. Die erhaltenen Gegenstände erzählen nicht nur von den Bestattungen, sondern auch von den Handelskontakten: Die gefundenen Glasschalen kommen wahrscheinlich aus dem oberen Adriaraum, einige kunstvolle Elfenbeinschnitzereien stammen aus Afrika oder Asien, könnten aber auch über Zwischenhändler nach Hallstatt gelangt sein. Selbst Schmuck aus Bernstein, ebenfalls ein importiertes Luxusgut, wurde einigen Verstorbenen beigegeben. Der hallstattzeitliche Bergbau ging durch eine Katastrophe jäh zu Ende. Um die Mitte des 4. Jahrhunderts v. Chr. wurde das Hochtal von einer Mure erfasst, die den weiteren Salzabbau nicht möglich machte. Man geht derzeit davon aus, dass die Bergleute sich noch rechtzeitig in Sicherheit bringen konnten – ein „Mann im Salz“, wie er bereits 1734 gefunden wurde, wäre jedenfalls eine archäologische Sensation.

Bild unten: Hallstattzeitliches Schaugrab im Hochtal
Bild rechte Seite:
Blick vom Hallstätter Gräberfeld zum Rudolfsturm
Bild nächste Doppelseite:
See und Bühne im Altausseer Salzbergwerk

Der Mann im Salz

Im Frühjahr 1734 fanden Bergleute im Kilbwerk die Leiche eines Mannes, die völlig ins Gebirge eingewachsen schien – offensichtlich war man auf Heidengebirge gestoßen, der Mann wird heute als prähistorischer Bergarbeiter identifiziert. Als der Leichnam ins Tal gebracht wurde, nahm sich ein Kapuzinerpater seiner an. Er identifizierte den Toten als einen vor hundert oder mehr Jahren verunglückten Bergmann und damit sicher von katholischem Glauben. Der Leichnam wurde am örtlichen Friedhof beigesetzt, seine Gebeine wurden, wie die aller Toten Hallstatts, ins Beinhaus gebracht und sind dort heute nicht mehr identifizierbar.

Heute sind diese verlorenen Zeugnisse ein schmerzlicher Verlust für die Archäologie. Jedoch spornt die Frage, ob im Hallstätter Salzberg noch weitere Salzmumien eingeschlossen sind, die Forschung erheblich an. Funde prähistorischer Salzleichen im Iran sowie Berichte über Leichen, die im 16. und 17. Jahrhundert im nahe gelegenen Dürrnberg bei Hallein entdeckt wurden, zeigen, dass es sich bei dem Hallstätter „Mann im Salz“ um keinen Einzelfall handelt.

Herzogin von Mecklenburg

Viele Archäologinnen und Archäologen haben in Hallstatt gearbeitet, eine der herausragendsten Persönlichkeiten zu Beginn des 20. Jahrhunderts ist jedoch Marie von Mecklenburg. 1905 begann sie ihre archäologische Tätigkeit. Zwei Jahre später kam die Herzogin nach Hallstatt und begann mit Grabungen, die ihr allerdings bald verwehrt wurden. Intervention von allerhöchster Stelle machte die Fortsetzung ihrer Arbeit möglich: Kaiser Franz Joseph I. setzte sich persönlich dafür ein. Beachtlich war dann auch das Ergebnis; Marie von Mecklenburg legte 45 Gräber in Hallstatt frei. Mit Ende des Ersten Weltkriegs kehrte sie in das nunmehrige Königreich Serbien, Kroatien und Slowenien zurück, wo ihr Besitz und damit sämtliche archäologische Funde beschlagnahmt und in das neu gegründete Nationalmuseum in Ljubljana gebracht wurde. Die Herzogin starb schließlich 1929 verarmt. Ihre Tochter ließ die mittlerweile freigegebenen Objekte versteigern. 1934 erwarb das Peabody Museum in Boston günstig die „Mecklenburg Collection“, die die größte geschlossene archäologische Sammlung europäischer Kulturgüter in den USA bildet.

Das Salzkammergut der Habsburger

Bild: Steinsalz
Bild rechte Seite: Bei der Seeklause in Steeg

Aus der Römerzeit sowie dem frühen Mittelalter gibt es nur wenige Hinweise, die auf einen Salzabbau in Hallstatt schließen lassen. Jedoch geht man davon aus, dass das Bergwerk langsam wieder diesselbe Bedeutung wie zu prähistorischer Zeit erreichte.
Ab 1273 wurden die östlichen Teile des heutigen Salzkammerguts von den Habsburgern regiert, die daran interessiert waren, den Salzabbau in der Region wieder verstärkt zu betreiben. Damit standen sie in Konkurrenz zum Erzbistum Salzburg, das mit der Salzproduktion am Halleiner Dürrnberg einen wirtschaftlichen Aufstieg erfuhr. Die Habsburger hatten im Salzkammergut jedoch zwei Salzvorkommen zur Verfügung: Hallstatt und Altaussee. Die Konkurrenz zwischen dem Salzburger Erzbischof und den Habsburgern führte schon bald zum Salzkrieg (1291–1297), an den noch heute hoch über den Dächern Hallstatts der mächtige Rudolfsturm erinnert. Er wurde als Wehranlage vom Habsburgerkönig Albrecht I. erbaut und wohl nach seinem Vater, Rudolf I., benannt. Als Albrecht I. 1308 starb, übernahm seine Witwe Elisabeth von Görz-Tirol die Neuorganisation des Hallstätter Salzwesens. Sie ließ weitere Stollen schlagen und machte den Salzberg sowie das für den Weitertransport des Salzes wichtige Trauntal von Hallstatt über Ischl bis Gmunden – das damals so genannte Ischlland – zum Kammergut, das fortan direkt den Landesfürsten unterstellt war, also quasi zum Privatbesitz der Habsburger wurde. Außerdem reformierte Elisabeth die Strukturen des Bergbaus, indem sie den Stand der „Salzfertiger" einführte. Der Rudolfsturm wurde 1313, im Jahr von Elisabeths Tod, der Amtssitz des jeweiligen Bergbauleiters.
Das Ischlland war als Kammergut zu einer der wichtigsten Einnahmequellen für die Kassen der Landesfürsten geworden. Entsprechend ernst nahm man seine Verwaltung.
Der „Salzamtmann", der als hoher kaiserlicher Beamter nur der Hofkammer – also dem heutigen Finanzamt – verpflichtet war, hatte von seinem Amtssitz in Gmunden aus die Oberhoheit über praktisch alle Belange des täglichen Lebens der Bevölkerung. Aus- und Einreisen in die Region waren kaum möglich, Sesshaftigkeit war verpflichtend. Auch Eheschließungen wurden reglementiert. Die Bevölkerung des Kammerguts war von Militärdienst und Steuern befreit und es gab medizinische Versorgung. Die Konkurrenz in Hallein und der damit verbundene Preiskampf wirkte sich allerdings negativ auf die Lebensbedingungen der Arbeiter aus, die schlecht (und oft in Naturalien) entlohnt wurden. Aufstände wurden brutal niedergeschlagen, den Einheimischen blieb nur die Unterwerfung unter die jeweiligen Herrscher.
Diese wurden immer mächtiger: Ende des 14. Jahrhunderts erwarben die Habsburger mit dem Attergau rund um den Attersee einen wichtigen Holzlieferanten. Große Mengen an Holz wurden in den Pfannhäusern benötigt, in denen die Sole erhitzt wurde, bis das gesamte Wasser verdampfte und das Salz übrig blieb. Etwa zur selben Zeit beschlossen die beiden Söhne Albrecht II. den „Neuberger Teilungsvertrag": Albrecht III. erhielt unter anderem

Hallstatt, Ober- und Niederösterreich sowie die Stadt Steyr, Leopold III. unter anderem die Steiermark und damit die Saline Aussee, Kärnten, Krain, Tirol, Inneristrien und das Küstenland an der Adria. Hallstatt wurde in der Folge allerdings mehrmals an verschiedene Pächter vergeben, die Wälder rücksichtslos ausgebeutet, der Salzberg zum Sanierungsfall.

In Aussee hatte sich eine andere Organisationsform des Salzabbaus gebildet: Die Betreiberinnen und Betreiber der Sudstätten, genannt die „Hallinger", waren weitgehend unabhängig von den Habsburgern. Ähnlich wie die „Salzfertiger" konnten auch die Hallinger die vielen Aufgaben längst nicht mehr selbst erledigen, sondern beschäftigten Arbeiter für die Tätigkeiten. Die „Hallinger" wurden im Ausseerland so mächtig, dass es ihnen gelang, sich dem Einfluss der Landesfürsten immer mehr zu entziehen, was von den Habsburgern mit Argwohn beobachtet wurde. 1334 schließlich wollten sie ihre Macht auch offiziell verbrieft haben: Die landesfürstliche Vorherrschaft sollte in einen genossenschaftlichen Betrieb umgewandelt werden, der den „Hallingern" unterstehen sollte. Albrecht II. und Otto bürdeten ihnen jedoch für ihre jahrzehntelange Dreistigkeit hohe Strafen auf. Die Genossenschaft wurde zwar gebildet, blieb aber ohne Rechte. Durch ihre Geschäftstüchtigkeit gelangten die „Hallinger" allerdings rasch wieder in ihre alte Machtposition, den Landesfürsten gegenüber blieben sie nun loyal. So hatte Friedrich III. zwar einen „Salzverweser" eingesetzt, der ihm direkt verpflichtet war, doch 1422 bekleidete ein „Hallinger" dieses

Amt und beaufsichtigte damit sozusagen sich selbst. Erst Maximilian I. gelang neben der Wiedervereinigung der beiden Habsburgerlinien auch die Reform der Salinen. Er beendete die Pachtverhältnisse in Hallstatt und unterstellte den Salzberg wieder direkt einer Regierungsbehörde. Er ließ das Innere Salzkammergut wieder aufforsten. Als zusätzliche Holzlieferanten erwarb Maximilian das waldreiche Mondseeland sowie Teile des Wolfgangsees. Anfang des 16. Jahrhunderts waren sowohl der oberösterreichische als auch der steirische Teil des Salzkammerguts wertvolle Einnahmequellen geworden, die sich wieder fest in der Hand der Habsburger befanden.

Bereits im 9. Jahrhundert hatte man begonnen, Salz auf dem Wasserweg über die Traun von Hallstatt bis zur Donau zu transportieren. In großem Maße möglich wurde der Transport jedoch erst, indem man die schwierigsten Stellen des Flusses passierbar machte. So wurde der Traunfall zwischen Steyrermühl und Roitham erst Mitte des 16. Jahrhunderts wirklich schiffbar gemacht. Der Fall war übrigens trotzdem keine ungefährliche Angelegenheit: Fast 400 Meter lang, erreichte die Fahrrinne für die Schiffe an ihrem

Ende ein Gefälle von über 65 Prozent. Die Fahrt dauert knapp eine Minute, in Augenzeugenberichten lässt sich nachlesen, dass es sich um eine „fürchterliche Passage" gehandelt haben muss.

Zahlreiche Helfer aus verschiedensten Professionen waren nötig, um das Salz auf dieser nicht immer einfachen Reise zu begleiten: Die „Salzfertiger" bereiteten das Salz für die Reise vor und waren für das Trocknen (das „Dörren") zuständig, wenn das Gut einmal feucht geworden war. Es gab Personen, die für das Be- und Entladen der sogenannten „Salzzillen", zuständig waren, andere wieder, die das Wasser der Traun im Auge behielten und Ruderknechte für die Traunschiffahrt. Auf der Rückfahrt, traunaufwärts, wurden die Schiffe von Pferden gezogen. Sie waren dann wiederum beladen, diesmal vor allem mit Lebensmitteln. Später übernahmen Dampfschiffe auf den Seen den Transport des Salzes.

Relativ bald ging man daran, Alternativen zum Transport auf dem Wasserweg zu suchen. Das hatte vor allem auch mit dem Bau der Saline Ebensee im ausgehenden 16. Jahrhundert unter Rudolf II. zu tun. Der Standort wurde aufgrund des üppigen Waldvorkommens gewählt: Im Gebiet von Hallstatt war Holz knapp geworden, um Ebensee hingegen gab es reichlich davon. Nun war es aber notwendig, die Sole zur Saline zu transportieren. Um die rund 40 Kilometer lange

Strecke zu überwinden, wurde 1592 mit der Konstruktion der ersten Soleleitung begonnen: Aus 13.000 Bäumen wurden die Rohre dafür geschnitzt. Ein Problem ergab sich an jener Stelle, wo das Gosautal in das Becken des Hallstätter Sees mündet: Die tiefe Talsenke war nur mittels einer Druckrohrleitung zu überwinden. Die „Ingenieure“ hatten so die erste Pipeline Österreichs, den so genannten „Gosauzwang“, gebaut. Joseph II. ordnete den Bau einer Brücke über das Gosautal an, die der Holzbaumeister Johann Spielbüchler 1757 als handwerkliche Meisterleistung schuf. Die Brücke, nach der alten Leitung ebenfalls „Gosauzwang“ genannt, ist übrigens noch heute erhalten und kann – sofern man schwindelfrei ist – begangen werden. Die Soleleitung besteht mittlerweile aus Kunststoffrohren, ist aber immer noch in Betrieb, die Wanderung entlang der Leitung bietet wunderschöne Ausblicke.

Bild linke Seite oben: Erste Fremdbefahrungen, hier in Hallstatt
Bild linke Seite unten: Das Steinberghaus – hier führt das Mundloch ins Altausseer Bergwerk.
Bild unten: Am Hallstätter See

Reformation und Gegenreformation

Die 1517 von Martin Luther ausgelöste Reformation erreichte das Salzkammergut um 1525. Der Großteil der Bevölkerung – von den Adeligen bis zu den Bauern – konvertierte zum protestantischen Glauben. Katholische Einrichtungen verloren an Bedeutung, so verwaiste etwa das Kloster in Traunkirchen 1571.
Umso heftiger fiel Ende des 16. Jahrhunderts die Gegenreformation aus: Bauern und Bergknappen wurden gewaltsam rekatholisiert, protestantischer Adel verlor Grund und Boden. Es folgten viele Jahrzehnte der Unterdrückung und Verfolgung, es gab Geheimprotestantismus, viele wurden zur Auswanderung gezwungen. Trotz dieser harten Vorgangsweise konnten sich Protestanten im Salzkammergut halten: Als Kaiser Joseph II. 1781 mit dem Toleranzpatent Religionsfreiheit zusicherte, bekannten sich ganze Ortschaften zum Protestantismus. Noch immer gibt es in der Region Orte, die großteils protestantisch sind – eine Besonderheit im überwiegend katholischen Österreich.

Die „Salzprinzen“ verändern die Region

Seit jeher war das Salzkammergut für die Habsburger nicht nur eine wirtschaftlich bedeutende Region, sondern lud mit seinen weiten Jagdgründen auch zu Aufenthalten abseits geschäftlicher Termine ein. Bereits Kaiser Franz I. hielt sich 1826 vor allem deshalb in Gmunden auf, um gemeinsam mit seinen Gästen die schöne Gegend zu genießen. Die Orte wurden bei solch hohen Besuchen entsprechend festlich aufgeputzt, auch gab es prunkvolle Empfänge für die hohen Gäste. Die Lebensrealität der Bevölkerung sah aber ganz anders aus: Die Arbeiter in den Salzbergwerken verdienten so wenig, dass sie ums Überleben kämpften, bei der schweren Arbeit waren Männer wie Frauen gleichermaßen eingesetzt, der Gesundheitszustand eines Großteils der Bevölkerung war miserabel. Zeitgenössischen Reiseberichten vom Anfang des 19. Jahrhunderts kann man entnehmen, dass die Menschen abgezehrt aussahen und Besucher um Geld und Essen anflehten.

Der schlechte Gesundheitszustand der Salinenarbeiter war es denn auch, der den Salinenarzt Dr. Josef Götz dazu brachte, Hautkrankheiten, Gicht oder Rheumatismus versuchsweise mit warmen Solebädern zu behandeln. Aufgrund der guten ersten Ergebnisse seiner Therapie ließ Dr. Götz in Ischl ein Badehaus errichten. Sein Erfolg sprach sich bis nach Wien durch, wo der prominente Arzt Dr. Franz Wirer den Gedanken aufgriff. Er ließ sich in Ischl nieder, wo er gedachte, ein „Meerbad in den Alpen“ zu schaffen. Auch Wirer war mit seinen Kuren erfolgreich und es gelang ihm, reiche Patienten aus ganz Europa für den kleinen Ort zu begeistern. Der Durchbruch Ischls als Kurort ist aber wiederum auf die Habsburger zurückzuführen: Als die Ehe zwischen Erzherzog Franz Karl und

Prinzessin Sophie von Bayern kinderlos zu bleiben drohte, verordnete die Prinzessin ihrer Beziehung würzige Kurluft in Ischl. Die Therapie zeigte Wirkung: Sophie gebar insgesamt drei Söhne, einer davon war Franz Joseph, der spätere Kaiser von Österreich-Ungarn. Die Familie hielt dem Kurort die Treue, vor allem Franz Joseph, der in Ischl seine spätere Frau Sisi kennenlernte. Mit diesem hohen Besuch hatte sich die Region als Reiseziel endgültig etabliert, Ischl wurde, zumindest in den Sommermonaten, zum noblen Kurort. Wo die Aristokratie den Sommer verbrachte, gesellte sich bald auch das Bürgertum dazu, genauso wie zahlreiche Künstler, Maler, Komponisten und Literaten, die im Salzkammergut ihre „Sommerfrische" verbrachten.

Für die Einheimischen war diese Entwicklung erfreulich, bot sich doch eine Alternative zur harten Arbeit im Salzbergwerk. Der beginnende Tourismus erforderte Arbeitskräfte, und man war erfinderisch, wenn es darum ging, neue Angebote für die Fremden zu entwickeln: So bot man an, die feinen Herrschaften aus der Stadt als „Sesselträger" gegen ein Entgelt auf den Berg zu tragen.

Der zunehmende Reiseverkehr war auch für weitere infrastrukturelle Neuerungen im Salzkammergut verantwortlich: Mit der heutigen Westbahn konnte man ab 1860 von Wien nach Salzburg reisen, 1877 erreichte die Eisenbahn auch Gmunden, Ischl und Aussee. Wenig später, 1890, war die Salzkammergut-Lokalbahn fertiggestellt, die Salzburg mit dem Mondsee, Ischl und Wolfgangsee verband – ein neues Zeitalter war angebrochen. Dieser Fortschritt öffnete das ehemals abgeschlossene und schwer zugängliche Salzkammergut der großen Welt – eine Offenheit, die sich bis heute erhalten hat.

Bild linke Seite: Gefaltete Steinsalzschichten im Altausseer Bergwerk
Bild unten: Sommerfrische in Bad Ischl

Das Salzkammergut während der Zeit des Nationalsozialismus

Den nahe gelegenen Obersalzberg bei Berchtesgaden hatte Hitler bereits 1923 als Urlaubsdomizil entdeckt und bis 1945 schrittweise zu einem repräsentativen Wohnsitz und zeitweiligen Regierungssitz ausbauen lassen, daher lag es nahe, dass viele prominente Nazionalsozialisten das benachbarte Salzkammergut aufgrund seiner reizvollen Landschaft als Ferienregion schätzten. Die unfreiwillige Umarmung der Region führte dazu, dass sie schneller als andere Gegenden Österreichs arisiert wurde. Nach dem Anschluss Österreichs an das Deutsche Reich mussten jüdische Bürger und Bürgerinnen ihre Ferien- und Sommerhäuser verlassen oder billigst verkaufen, viele der Villen wurden beschlagnahmt. So etwa der „Berghof" bei Unterach, einst Zentrum des gesellschaftlichen Lebens am Attersee, der aufgrund der fehlenden Gäste an Bedeutung verlor. Die einst zur Erholung genutzte „Villa Capriée" in Weißenbach diente von 1942 bis 1945 gar als Außenstelle der Geheimen Staatspolizei. Viele der Villen wurden von führenden Nationalsozialisten für die Sommerfrische genutzt.

Konzentrationslager in Ebensee

Abseits der Nazi-Urlaubs-Romantik gab es in der Region aber auch weitaus schrecklichere Manifestationen der neuen Diktatur. 1943 wurde das Arbeitslager Ebensee als Außenstelle des Konzentrationslagers Mauthausen errichtet. Die Aufgabe der Inhaftierten, die den verschiedensten Nationalitäten angehörten, war es, Stollen in den Berg zu treiben, die später als bombengeschützte Produktionsstätten für die Rüstungsindustrie dienen sollten, wozu es aber nie kam.
Das Lager lag außerhalb des Ortes im Wald und sollte möglichst geheim gehalten werden, was aber nicht gelang.
Am 6. Mai 1945 wurde das Konzentrationslager Ebensee, in dem 1944 auch ein Krematorium errich-

tet worden war, von amerikanischen Truppen befreit. Zu diesem Zeitpunkt befanden sich dort ca. 18.000 Inhaftierte, von denen auch nach der Befreiung noch rund 1.000 Menschen an den Folgen der überaus grausamen Haft verstarben. Nach der Befreiung wurden viele Mitglieder der SS-Wachmannschaft von den Alliierten aufgegriffen und inhaftiert, einige wurden zum Tode verurteilt, die meisten erhielten Haftstrafen. Der Kommandant des Lagers, Anton Ganz, kehrte 1949 unerkannt zu seiner Familie in Bayern zurück. Erst 1972 wurde er nach mehrjährigem Prozess verurteilt. Da ihm aber „Haftunfähigkeit" bestätigt wurde, musste er seine Strafe nie antreten.

Organisierter Widerstand

Während des Nationasozialismus gab es im Salzkammergut zwar etliche Befürworter und Mitläufer, aber auch einen organisierten Widerstand, der zum Teil als Partisanenbewegung auftrat. Teile der Bevölkerung versuchten den Nationalsozialisten entgegenzutreten. Die Hauptaufgabe bestand in Aufklärungsarbeit, zum Beispiel wurden illegale Flugzettel gedruckt und verteilt. Betriebe wurden sabotiert, man versuchte, den Widerstand in der Region zu vernetzen. Die Nazis konnten das Ausmaß des Widerstandes schwer abschätzen, man geht aber davon aus, dass die Partisanen auf diese Weise relativ große Kräfte des Feindes binden konnten.

Bild oben: Arbeit in der Sudpfanne
Bild rechte Seite oben: Verladen der Kunstwerke
Bild rechte Seite unten: Ehemaliger Lagerraum der Kunstwerke im Altausseer Salzbergwerk

Kunstwerke im Salzbergwerk

Eine besondere Verquickung von Interessen ergab sich 1944 in Altaussee. Im dortigen Salzbergwerk waren in ganz Europa erbeutete Kunstschätze gelagert und auf diese Weise vor Luftangriffen geschützt. Als die Niederlage immer gewisser wurde, wollte der Gauleiter von Oberdonau, August Eigruber, die Kunstwerke nicht dem Feind überlassen und plante, gegen den Befehl Hitlers, das Altausseer Bergwerk sprengen zu lassen. Allerdings waren sowohl die NS-Leitung und die Belegschaft des Salzbergwerks als auch der in Altaussee anwesende Gestapo-Chef Ernst Kaltenbrunner, ein gebürtiger Oberösterreicher, gegen diesen Plan. Auch der wichtigste Organisator der Widerstandsbewegung im Salzkammergut, Sepp Plieseis, unterstützte die Erhaltung der Kunstwerke. Es kam zu einer ungewöhnlichen Allianz, in die beide konträre Gruppen involviert waren: Die bereits vorbereiteten Bomben, verpackt in Kisten mit der Aufschrift „Vorsicht Marmor – nicht stürzen", wurden von den Widerstandskämpfern aus dem Bergwerk geschafft, Kaltenbrunner hielt Gauleiter Eigruber hin. Bei der Sprengung wurden schließlich nur die Stolleneingänge verschüttet, die wertvollen Kunstwerke konnten später geborgen werden. Kaltenbrunner forderte übrigens eine Gegenleistung für die Kooperation: Ein sicheres Versteck, in dem er die Ankunft der Alliierten abwarten wollte. Die Partisanen brachten ihn auf eine Hütte im Toten Gebirge, einige Tage später jedoch führten sie auch amerikanische Militärs dorthin. Kaltenbrunner wurde im Zuge der Nürnberger Prozesse zum Tode verurteilt.

Salz heute

Salz spielt im Salzkammergut nach wie vor eine bedeutende Rolle. Immer noch ist die Saline Ebensee in Betrieb. Nicht nur die als „Bad Ischler Salz" bekannten Speisesalz-Produkte werden dort verarbeitet, Salz ist zudem in der Industrie ein unverzichtbarer Rohstoff geworden. Außerdem sind einige der Stollen als Schaubergwerke für Besucher geöffnet: In Hallstatt und Altaussee kann man sich in den „Salzwelten" auf die Spur der Bergarbeiter machen, moderner und bronzezeitlicher Bergbau geben sich hier die Hand.

Das Salzkammergut ist den meisten heutzutage als eine der landschaftlich schönsten und beliebtesten Ferienregionen Österreichs ein Begriff. Bad Ischl und Gmunden haben das Mondäne ihres einstigen kaiserlichen Glanzes nicht verloren, die Anekdoten und Erinnerungen, die sich um die berühmten Gäste ranken, machen für viele immer noch die Faszination der Region aus. Vor allem ist das Salzkammergut gekennzeichnet durch seine grosse Vielfalt – die reizvolle Berg- und Seenlandschaft, die reiche Geschichte, das immer noch lebendige Brauchtum, die vielen Details, die jeden Ort, jeden Flecken so einzigartig und unverwechselbar machen.

Bild linke Seite: Barbarakapelle im Altausseer Salzbergwerk
Bild oben: Produkte aus den Bergen des Salzkammerguts
Bild unten: Blick vom Hallstätter Salzberg

Ausseerland

Wir beginnen unsere Reise durch das Salzkammergut in seinem südöstlichsten Teil, dem Ausseerland, das auch das „steirische Salzkammergut" genannt wird. Es wird nicht nur im Sommer zum Zentrum der Sommerfrischler, sondern liegt mit Bad Aussee tatsächlich im geografischen Mittelpunkt Österreichs. Zentrale Stellung nimmt allerdings das Wasser ein: Altausseer See, Grundlsee, Toplitzsee, Kammersee und Ödensee sind nur einige Seen der Region. Umrahmt werden sie vom Loser, der Trisselwand und dem Toten Gebirge. Das Ausseerland ist außerdem durch großes Traditionsbewusstsein gekennzeichnet, das

keiner Trachtenvereine – in der Region gibt es keinen einzigen – bedarf, sondern einfach aus Überzeugung gelebt wird. So findet sich hier andernorts schon längst vernachlässigtes Handwerk wie das der Hutmacher, Dirndlschneider, Lederhosenmacher oder Handdrucker. Musik und Brauchtum haben bei allen Generationen ihren festen Platz im Jahreslauf. Authentische Holzhäuser neben eleganten Villen, weitläufige Wiesen und eindrucksvolle Bergkulissen machen das Ausseerland zu einem besonderen Ort – was auch die zahlreichen Gäste, die man seit dem 19. Jahrhundert hier willkommen heißt, erkannt haben. Dennoch hat sich die Gegend nicht dem Tourismus unterworfen. Das Ausseerland sieht sich selbstbewusst als eigenständiges Gebiet – nicht zuletzt sagt man über jemanden, der es verlässt und sei es nur, um sich in einem der angrenzenden Orte niederzulassen, er gehe ins „Ausland".

Bild linke Seite unten: Reflexionen am Altausseer See
Bild oben: Bildstock bei Altaussee
Bild rechts: Altausseer Detail

Altaussee

Der Altausseer See macht dem Attribut „Gebirgssee" alle Ehre: Er wird dominiert von der Trisselwand, die senkrecht aus dem See aufzuragen scheint, und der Felskrone des Losers. Seine Ufer, nicht verbaut, kann man auf einem sehr schönen Weg umrunden. Dabei wird man nicht nur durch Blicke auf den dunklen See und die Bergwelt belohnt, sondern kommt auch an der idyllischen Seewiese vorbei, wo man im ehemaligen Jagdhaus der Fürstin Hohenlohe-Schillingsfürst einkehren kann.

Der Ort Altaussee liegt am Fuße des Toten Gebirges und direkt am Ufer des Sees. Im Sandling, einem 1.717 Meter hohen Berg nordwestlich der Gemeinde, befindet sich das größte Salzvorkommen Österreichs. Sowohl die Ansiedlung am See als auch der Salzabbau wurden 1147 erstmals urkundlich erwähnt, doch Funde zeigen, dass hier bereits in spätrömischer Zeit Menschen gelebt haben. Im Mittelalter trug die Gegend die Bezeichnung „Mahorn", was soviel wie „bei meinem Berghorn, bei meiner Spitze" heißt, später wurde sie „Awsse interior", also „inneres Aussee", genannt. Bis zum

Bild unten: Altausseer See mit Trisselwand
Bild rechte Seite oben: Blick von der Sandlingalm
Bild rechte Seite Mitte: Eine der schönen Altausseer Villen
Bild rechte Seite unten: Weg um den Sandling

13. Jahrhundert wurde das Salz gleich am Fuße des Berges gesotten, doch als dort die Holzvorkommen zur Neige gingen, wurde eine Alternative notwendig. Herzog Albrecht beschloss, im Tal, wo über die beiden Traunflüsse genügend Holz auch aus entfernter liegenden Gebieten herangeschafft werden konnte, eine Saline zu errichten. So entstand der Markt Aussee, das spätere Bad Aussee, und das „Innere Aussee" wurde zu „Altenaussee", später zu Altaussee. Auch die Bewohner der beiden Orte wurden auf diese Weise getrennt: Von nun an lebten die Bergherren und Knappen in Altaussee, die Salzbeamten und Salinenarbeiter hingegen in Bad Aussee.
Der Salzbergbau im Sandling, der von der Bevölkerung oft einfach der „Salzberg" oder „Berig" genannt wird, ist immer noch in Betrieb, das Schaubergwerk kann besichtigt werden. Bis vor wenigen Jahren konnte man im Bergwerk am Ufer des Salzsees im Rahmen des Festivals „Poesie im Ausseerland" Kunst genießen. Der gebürtige Altausseer Klaus Maria Brandauer hat hier schon gelesen, Felix Mitterer verfasste ein Stück für diese besondere Bühne. Später musste das Theater allerdings aus Sicherheitsgründen geschlossen werden.
Im 19. Jahrhundert entdeckten adelige und großbürgerliche Familien den Altausseer See. Die Sommerfrische entwickelte sich zu einem entscheidenden Wirtschaftsfaktor der Region. Zu den ersten Gästen zählte Fürst Chlodwig zu Hohenlohe-Schillingsfürst, der das Gebiet anlässlich einer Jagd entdeckt hatte und 1864 das Haus Altaussee Nr. 1 erwarb. Seine Enkelin, die Schriftstellerin Johanna Gräfin zu Eltz, sollte 1947 in ihrem Buch *„Das Ausseer Land"* ihre Liebe zur Region festhalten.
Den Adeligen und Großbürgern folgten bald Künstler. Der Altausseer See wurde für viele Autoren zu einem „riesigen Tintenfass, in das sie ihre Federkiele tauchten", wie Raoul Auernheimer, selbst Schriftsteller, treffend meinte. Nikolaus Lenau, Arthur Schnitzler, Hermann Bahr, Stefan Zweig, Richard Beer-Hofmann, Hermann Broch, Friederich Torberg, Fritz von Herzmanovsky-Orlando und viele andere waren in Altaussee zu Gast und genossen hier ihre Sommer. Einige wohnten in ihren eigenen Villen, andere in schlichten Privatzimmern

bei Altausseer Bauern, die für die Sommerfrischler ihre Häuser räumten und den Sommer mit ihren Familien in der Scheune verbrachten.

Auch Hugo von Hofmannsthal verbrachte viele Sommer in Altaussee und 1896 erschien im *„Simplicissimus"* unter dem Pseudonym „Loris" Hofmannsthals Erzählung *„Das Dorf im Gebirge"*, womit Altaussee gemeint war. Der Redakteur der Zeitschrift, Jakob Wassermann, war so beeindruckt von der Beschreibung, dass er ab 1904 regelmäßig in Altaussee zu Gast war und sich ab 1919 mit seiner zweiten Ehefrau Marta Karlweis auf Dauer hier niederließ. 1923 erwarb die

Familie mit der „Andrian-Villa" ihr eigenes Haus. Für Wassermann wurde auf diese Weise der ehemalige Ferienort zum idealen Lebensmittelpunkt, hier entstand sein erfolgreichster Roman *„Der Fall Maurizius"*. 1933 wurden seine Bücher von den Nazis verboten und verbrannt; kurz darauf starb Jakob Wassermann an einer schweren Herzattacke. Auch der „Vater des Zionismus", Theodor Herzl, kam mit seiner Familie gerne ins Ausseerland. Der Einfachheit halber ließ er sein Fahrrad jedes Jahr im Ausseerland zurück. Dort stand es noch für lange Zeit – als Museumsstück im Literatur- und Heimatmuseum in Altaussee. In dem Museum im Kurhaus kann man sich nicht nur über die literarische Vergangenheit und Gegenwart der Gegend informieren, sondern auch in den Werken der Autorinnen und Autoren nachlesen. Den so genannten Literaturgarten des Museums hat die in Altaussee lebende Literatin Barbara Frischmuth gestaltet. Eine weitere Möglichkeit, den Aufenthalten berühmter Künstler in Altaussee, Bad Aussee und Grundlsee nachzuspüren, ist ein Spaziergang entlang der „Via Artis".
Die Schönheit des Ausseerlandes sowie seine sichere Lage inmitten der Berge blieb auch den Nationalsozialisten nicht verborgen. Die zahlreichen jüdischen Sommergäste wurden vertrieben und enteignet, in ihren Häusern verbrachten während des Zweiten Weltkriegs unter anderem Ernst Kaltenbrunner und August Eigruber, ihren Urlaub. Nach dem Ende des Dritten Reiches wurden zwar einige der Häuser wieder restituiert, die Tradition der Sommerfrische hatte aber, wie auch an anderen Orten des Salzkammerguts, einen unüberwindbaren Einschnitt erlebt.
Die meisten Sehenswürdigkeiten Altaussees sind im ältesten Ortsteil Fischerndorf zu finden. Neben dem Kurhaus befindet sich hier auch der Trinkbrunnen der Glaubersalzquelle. Am Brahmsweg – Johannes Brahms war ebenfalls in Altaussee zu Gast – kann

Bild linke Seite oben links: Hier ist die Zeit stehen geblieben.
Bild linke Seite oben rechts:
Beliebter Treffpunkt – Altausseer Bäckerei
Bild linke Seite unten: Frühmorgens in der Seewiese
Bild rechts: Frühstück am Brückl

man bis zur Seeklause spazieren, wo die Altausseer Traun aus dem See abfließt. Dort befindet sich die Gradieranlage, eine Freiluft-Inhalationsanlage, bei der Sole auf Tannenreisig tropft. Nicht zu vergessen ist auch die Siedlung Lupitsch, die zwischen Sandling und Pötschenstraße liegt: Auch hier wurde im Mittelalter in einer Sudpfanne Salz produziert. Die Lupitscher nehmen in Altaussee durch ihre Herkunft und Geschichte eine besondere Stellung ein.

Am ersten Wochenende im September verwandelt sich das beschauliche Altaussee jedes Jahr in ein großes Vergnügungsrevier. Beim Kirtag feiern Einheimische und Gäste, natürlich in Tracht, vor der eindrucksvollen Kulisse des Losers und der Trisselwand. Im Mittelpunkt steht das Bierzelt der

Freiwilligen Feuerwehr Altaussee, die mit den Einnahmen dieses einen Wochenendes ihre Arbeit für das ganze Jahr finanzieren kann: 55.000 Krügel Bier werden ausgeschenkt, über 10.000 Brathendln und einige hundert Saiblinge verspeist. Abseits der lukullischen Genüsse amüsiert man sich bei diversen Kirtagsständen und Attraktionen. Ein besonderes Ereignis ist dabei immer die Ankunft der Ebenseer Gruppe, die jedes Jahr über das Tote Gebirge zum Kirtag in Altaussee wandert. Gefeiert wird nicht nur am Samstag, von Einheimischen der „Wiener Tag" genannt, und Sonntag, sondern auch am „Kirimontag", der ganz den Einheimischen gehört.

Bild linke Seite oben: Gehören zum Kirtag – die Lebkuchenherzen.
Bilder:
Ein wichtiges Ereignis im Altausseer Jahresablauf – der Kirtag.
Nächste Seite: Abendstimmung am Altausseer See

B

Ba
Hi
err
Su
na
fer
Ha
Re
de
16
Ze
sic
Ku
ein
ers
Sa
hu

Bild
Bild

Badeanstalt Vitzthum. Mit den neuen Gästen veränderte sich auch der Markt – im Ortsteil Praunfalk entstanden zahlreiche Villen. 1911 wurde dem Ortsnamen das „Bad" vorangestellt.
Ein weiterer Grund für die Bekanntheit des Ortes im 19. Jahrhundert war die schicksalhafte Begegnung zwischen Erzherzog Johann, dem Bruder Kaiser Franz I., und Anna Plochl, Tochter des Ausseer Postmeisters. Erzherzog Johann hatte eine enge Beziehung zur Steiermark: Er war volksverbunden, kleidete sich nach Landessitte und förderte Wirtschaft und Kultur des Landes. Gleichzeitig war es ihm ein Anliegen, die Steiermark zu modernisieren, so legte er 1811 den Grundstein für das Joanneum in Graz und gründete Bibliotheken und Archive.
Anna und der Erzherzog trafen einander 1819 am Toplitzsee zum ersten Mal. Zwei Jahre später versicherte der Erzherzog seiner Angebeteten: „Nanni,

ich lasse nicht von Ihnen!" Diese unstandesgemäße Beziehung konnte aber nicht ohne Weiteres legalisiert werden. 1823 bat Erzherzog Johann seinen Bruder, den Kaiser, um seine Einwilligung zur Eheschließung, die dieser allerdings verweigerte. Bereits zuvor war der jüngere Bruder immer wieder mit dem Habsburgerhof in Konflikt gestanden. So bat er Anna als Hausfrau nach Vordernberg und auf den Brandhof, eine weitere Besitzung Johanns.
Noch einige Jahre mussten die beiden sich gedulden. 1829 schließlich gestattete der Kaiser die Heirat, und bereits wenige Tage später gaben sie einander in der Kapelle des Brandhofes das Ja-Wort. Ihr 1839 geborener gemeinsamer Sohn Franz war das einzige Kind aus dieser Beziehung und wurde 1845 als Graf von Meran in den erblichen Grafenstand erhoben. Anna Plochl überlebte ihren Mann um 26 Jahre und verbrachte ihren Lebensabend in Bad Aussee. Beide sind in Schloss Schenna in Meran begraben. Zahlreiche steirische Volkslieder besingen den Erzherzog, bereits 1830 entstand der bekannte Erzherzog-Johann-Jodler, der auch heute noch gesungen wird. Ein Denkmal im Kurpark in Bad Aussee erinnert an den beliebten Habsburger. Auch das „Meranhaus" aus dem 16. Jahrhundert befindet sich noch im Besitz der Familie, deren zahlreiche Nachkommen sich gelegentlich im Ausseerland treffen.
Der Ausseer Kurpark wurde im 19. Jahrhundert an der Stelle der früheren Sudhäuser angelegt. In ihm findet sich auch der Mittelpunktstein, der Bad Aussee als das geografische Zentrum Österreichs ausweist. Das elegante Kurhaus, heute Veranstaltungszentrum, wurde auf den Grundmauern der mittelalterlichen Saline errichtet. In dem Gebäude ist auch das legendäre Café Lewandofsky untergebracht, ein traditionelles altösterreichisches Kaffeehaus, das schon seit 1870 zu den beliebtesten Treffpunkten in Bad Aussee gehört. Von der Vergangenheit des Ortes erzählt die Alte Steinmühle aus dem 15. Jahrhundert, ihre wunderbare Sgrafittofassade erhielt sie 1600. Ebenfalls bemerkenswert ist die frühgotische Spitalskirche, die 1395 als Kapelle eines angrenzenden Spitals entstand und noch in ihrer mittelalterlichen Form erhalten ist.
Auf dem ruhigeren oberen Marktplatz, als Chlumeckyplatz nach einem österreichischen Minister des 19. Jahrhunderts benannt, finden sich die ehemaligen Gebäude der Salinenverwaltung. Das eindrucksvollste davon ist wohl der Kammerhof, mit dessen Bau vor 1395 begonnen wurde. Damit ist er einer der ältesten erhaltenen Profanbauten Österreichs. Bis 1926 war hier das Salzamt untergebracht, seit 1976 befindet sich ein Museum in dem Gebäude. Hier kann man die Geschichte Bad Aussees nachlesen sowie Informationen zu lokaler Tracht, Brauchtum und Musik finden. Im Kaisersaal im ersten Stock wurden Mitte des 20. Jahrhunderts Fresken aus dem Jahr 1740 freigelegt, die die Salzproduktionsstätten des Ausseerlandes zeigen.

Bild linke Seite oben:
Standbild von Erzherzog Johann im Bad Ausseer Kurpark
Bild linke Seite unten:
Ereignisse rund ums Jahr – Anschlagtafel bei Grundlsee
Bild ganz oben: Gasthof „Blaue Traube" in Bad Aussee
Bild oben: Beim Lewandofsky
Bilder nächste Seite:
Links: Jeden Donnerstag trifft man sich beim
Markt am Chlumeckyplatz in Bad Aussee.
Rechts: Bei Sarstein

Narzissenfest

Im Frühjahr sind alle Wiesen und Hänge im Ausseerland vom strahlenden Weiß der „sternblütigen Narzisse" (*Narcissus radiiflorus*) bedeckt. Die ursprüngliche Heimat dieser Blume ist Südeuropa, sie wurde aber in Mitteleuropa eingebürgert, wo sie in Österreich besonders im Salzkammergut, in der Obersteiermark und im südwestlichen Niederösterreich gedeiht. Je nach Seehöhe blüht die weiße Pracht zwischen Mitte Mai und Mitte Juni.

Zu dieser Zeit findet im Ausseerland, wo mehrere Quadratkilometer Wiesen von den duftenden Narzissen bedeckt sind, jedes Jahr seit 1959 das beliebte Narzissenfest statt. Die Figuren, von lokalen Motiven über Tiere bis zu Comicfiguren – der Phantasie sind hier keine Grenzen gesetzt – werden aus Holz- oder Metallgestellen gestaltet, die dann mit engmaschigen Drahtgitter überzogen werden.

Bild linke Seite: Tiefwinterliches Altaussee
Bild rechts: Beim Seekorso
Bild unten: Narzissenwiesen mit Backenstein

Die wichtigste Arbeit kann allerdings erst kurz vor dem Korso erledigt werden. Die Narzissen können nur wenige Tage davor gepflückt werden, eine große Menge von Helfern ist hierzu notwendig. Erst in der Nacht vor dem Fest werden die Figuren geschmückt. In jede Öffnung des Drahtgitters wird ein kleiner Strauß Blumen gesteckt – pro Quadratzentimeter drei bis vier Narzissen. Für größere Motive werden bis zu 30.000 Narzissen benötigt und viele Helfer arbeiten meist die ganze Nacht. Am Sonntag des Narzissenfestes ist es dann so weit: Am Vormittag startet der Autokorso, bei dem

Bild oben und Mitte: Tagelange Vorbereitungen für das Fest
Bild unten und rechte Seite: Jede Figur ist ein Kunstwerk.

15

an die 40 Figuren gezeigt werden, in Unterkainisch und fährt Richtung Grundl- oder Altausseer See, wo die Figuren auf Boote verladen werden und eine Jury die originellsten prämiert.

Man ist auch darauf bedacht, die weiße Pracht entsprechend zu schützen: Wie die Veranstalter versichern, wird nur ein Bruchteil der Narzissen im Ausseerland für die Figuren gepflückt, außerdem schadet das Pflücken den Pflanzen nicht – im Gegenteil, die Zwiebeln werden dadurch sogar gestärkt und blühen im folgenden Jahr noch schöner.

Grundlsee und Toplitzsee

Grundlsee – das bezeichnet sowohl den größten See des Ausseerlandes und der Steiermark als auch einen der Orte an seinen Ufern. Während in Bad Aussee und Altaussee das Salz im Mittelpunkt stand, waren hier Holzwirtschaft und Fischfang jahrhundertelang die wichtigsten Einnahmequellen. Noch immer zieht der Grundlsee viele Fischer an, Geschichten über wahre Riesenfische kursieren in den Wirtshäusern der Gegend. Grundlseefische gelten auch auf den Wiener Fischmärkten als Spezialität, selbst am kaiserlichen Hof wurden sie geschätzt.
Der Name des Sees stammt aus dem Altslawischen und leitet sich von „*krongl*" ab, was „rund" bedeutet. Der Name des am östlichen Ende des Sees gelegenen Ortes Gößl hat ebenfalls altslawische Wurzeln – „*kozilji*" bedeutet „Gegend, wo Schafe und Gämsen weiden". Der Bezug zum Holz wird in der Architektur um den Grundlsee immer noch deutlich. Viele der Häuser sind nur in ihren Fundamenten

Bilder linke Seite: Impressionen vom Narzissenfest
Bild oben: Hütte bei Wienern
Bild unten: Sonnenaufgang über dem Grundlsee bei Bräuhof

gemauert, der Rest ist aus Holz gefertigt. Über der Eingangstür findet sich, wie beinahe überall im Ausseerland, eine Laube, hier „Brückl" genannt. Das Brückl war zuerst ein Windfang vor der Haustür, der später zur Veranda erweitert und bis in das Obergeschoß hochgezogen wurde. Später wurde dieses Element für Landhäuser und Villen übernommen.

Passend zum Fischreichtum des Sees waren die ersten Touristen am Grundlsee englische Sportfischer, später folgten Maler, Künstler und Aristokraten. Auch Sigmund Freud logierte im Sommer hier und soll besonders beim Schwammerlsuchen erfolgreich gewesen sein.

Zu Beginn des 20. Jahrhunderts ließ sich Dr. Eugenie Schwarzwald am Grundlsee nieder. Sie hatte 1900 als eine der ersten Österreicherinnen promoviert. Als Pädagogin und Schulreformerin setzte sie sich vehement für die Bildung von Frauen und Mädchen ein und engagierte sich in vielen Sozialprojekten. In Grundlsee übernahm sie ein altes Hotel, das sie für ihre Zwecke renovieren ließ. Die „Villa Seeblick" wurde zum Treffpunkt für Künstler, Literaten und Philosophen, vor allem aber für junge, interessierte Menschen. Die Schriftsteller Felix Braun, Franz Theodor Csokor, Klabund, Egon Friedell, Manés Sperber und Jakob Wassermann waren hier zu Gast. Ein reger, demokratischer Gedankenaustausch fand statt, ab 1938 jedoch waren Orte wie die „Villa Seeblick" nicht mehr erwünscht – das so genannte „Erholungsheim für geistige Arbeiter" wurde geschlossen, Eugenie Schwarzwald ging ins Exil in die Schweiz, wo sie 1940 verstarb.

Am östlichen Ende des Sees liegt die malerische Ortschaft Gößl. Hier hat sich eine einzigartige Form der Rechtssprechung erhalten. Jedes Jahr wird gemeinsam ein „Dorfrichter" ernannt, der bei allfälligen Streitfällen oder Beschwerden gemeinsam mit den ansässigen Bauern im Gasthof Veit zu Rate sitzt. Die meisten Probleme können auf diese Art ausdiskutiert und gelöst werden.

Bild rechts: Zum Toplitzsee entlang der Gößler Wand
Bild rechte Seite: Holzhäuser prägen das Ausseerland.

Der Gasthof Veit ist eine lokale Sehenswürdigkeit für sich. Er wurde 1616 als Bauernhof erbaut, 1886 wurde daraus eine Gastwirtschaft. Heute kann man dort echte bodenständige Küche genießen, wenngleich viele der Gerichte den meisten „Zugereisten" wohl unbekannt sind: „Griaßknon", „Eschbonkoh", „Almraungerln" oder „Hollerpfiff" werden dem ratlosen Gast aber gerne erklärt.
Der Wiener Konrad Mautner ist sicherlich einer der bekanntesten Wahlgrundlseer. Seine Aufzeichnungen zu steirischer Tracht und Brauchtum sind auch heute noch eine überaus wertvolle Quelle. Bereits als Kind verbrachte er seit Ende des 19. Jahrhunderts seine Sommer im Ausseerland, wo die Familie im Gasthof Veit wohnte. Mautner erwarb später selbst ein Haus am Grundlsee und eine Holzknechthütte in Gößl. Er liebte Land und Leute um den Grundlsee und wurde hier heimisch. Auch heute noch wird er ob seiner Verdienste um die Erhaltung der steirischen Tradition verehrt. Vergessen sind die Zeiten, in denen die jüdische Familie Mautner im Ausseerland nicht mehr erwünscht war.

Die „Villa Roth", im 19. Jahrhundert von der gleichnamigen Industriellenfamilie erbaut, hat eine traurige Geschichte. Ende der 1930er-Jahre mieteten sich die Hörbigers für den Sommer in einem Stockwerk des Gebäudes ein. Am 1. September 1939 wurden sie dort von der Kriegserklärung überrascht. Kurz darauf entdeckte man als Folge den Verzweiflungsselbstmord eines jungen jüdischen Paares im selben Haus. Ab 1941 wohnte die Familie Goebbels in der „Villa Roth", einige der Kinder gingen hier sogar in die Schule. Die Nationalsozialisten hatten das Ausseerland zur Sommerfrische für „Volksgenossen" erklärt, es sollte sichergestellt werden, dass hier niemand mehr „durch die Anwesenheit von Juden gestört werde", wie es in einer Verfügung hieß. Nicht wenige Bewohner des Ausseerlandes hatten für diese Maßnahme Verständnis.

Bilder linke Seite:
Wunderbare Gärten findet man im Ausseerland, hier in Gößl.
Bild ganz oben: Spiegelungen
Bild oben: Gedenkstein für Erherzog Johann und Anna Plochl
Bild links: Am Toplitzsee

Bei Gößl liegt die Mündung des Toplitzbaches, der den Grundlsee mit dem Toplitz- und dem Kammersee verbindet. Die „Drei-Seen-Fahrt" über die miteinander verbundenen Gewässer ist landschaftlich besonders reizvoll.
Historische Bedeutung hat der Toplitzsee zum einen als Ausgangspunkt und Sinnbild für die romantische Beziehung zwischen Erzherzog Johann und Anna Plochl: Am Ufer des Toplitzsees sahen die beiden einander zum ersten Mal. Ein Gedenkstein erinnert an den Tag ihrer Begegnung, wenngleich es nicht der „19. July 1819", wie dort geschrieben steht, war, sondern der 22. August desselben Jahres, wie aus anderen Quellen hervorgeht. Zum anderen steht der See untrennbar mit dem Zweiten Weltkrieg in Verbindung. Hier fanden zwischen 1943 und 1945 zahlreiche waffentechnische Versuche der deutschen Kriegsmarine statt, im Gasthof Veit hatte man dazu eine Werkstatt eingerichtet, in der „Villa Roth" war die offizielle Dienststelle. Man plante unter anderem die Unterwasserrakete „Ursel", die allerdings nie realisiert wurde. Gegen Ende des Kriegs wurde der Toplitzsee außerdem dafür genutzt, Dinge zu vernichten, die niemand entdecken sollte. So wurden kistenweise gefälschte englische Pfundnoten versenkt, ebenso diverse Maschinen, Waffen und Akten. Angeblich sollen auch Goldreserven der Nazis im See gelandet sein – ein Gerücht, wegen

dem schon viele Tauchgänge, auch mit U-Booten, durchgeführt wurden. Bislang konnte man bis auf die gefälschten Banknoten jedoch nichts entdecken. Abgesehen von diesen historischen Tatsachen ist der Toplitzsee ein landschaftliches Kleinod; seine Ufer sind so steil, dass eine Umrundung unmöglich ist. Man benutzt deshalb eine der motorisierten Plätten und gelangt vom Ende des Toplitzsees in einem kurzen Spaziergang zum Kammersee, in den als kleiner Wasserfall der offizielle Ursprung der Traun rieselt. Dieser kleine See wirkt in seinem Felskessel beinahe etwas düster.

Zwei weitere Seen in der Nähe des Grundlsees sind ausschließlich zu Fuß nach längerem Aufstieg zu erreichen: der Vordere und der Hintere Lahngangsee. Die Gebirgsseen beeindrucken durch glasklares Wasser und durch die Ursprünglichkeit ihrer Fischarten. In den 1950er-Jahren wurden Saiblinge aus den Lahngangseen zur Wiederaufzucht des „echten Grundlseesaiblings" verwendet.

Bild linke Seite oben: Blick auf den Großen Priel mit Almrausch
Bild linke Seite rechts unten: Vorderer Lahngangsee
Bild linke Seite links: Hinterer Lahngangsee
Bilder unten: Im Toten Gebirge

Bad Mitterndorf und Umgebung

Fährt man von Bad Aussee nicht zum Grundlsee, sondern in südöstlicher Richtung, so ändert sich bald die Landschaft; man erreicht das Hinterbergertal, ein weites, sonniges Hochtal, das sich bis Tauplitz erstreckt. Die Gemeinde Pichl-Kainisch ist besonders für den romantischen Ödensee bekannt, viele besondere Pflanzen gedeihen in diesem speziellen Mikroklima. Früher wurde hier auch Torf gestochen, der als Brennmaterial in den Ausseer Sudpfannen eingesetzt wurde. Im 13. Jahrhundert wurde das Salz der Saline Aussee von Bauern des Hinterbergertales über die so genannte Salzstraße bis nach Rottenmann gebracht. Die „Säumer" transportierten die in Stroh gehüllten Salzstöcke mit Saumtieren und auf Wagen. Andere Bauern aus Pichl-Kainisch boten den auf der Salzstraße Reisenden Herberge oder

Bild oben: Herbstlicher Lärchenwald auf der Tauplitzalm
Bild links: Gewitterstimmung bei Bad Mitterndorf
Bild rechte Seite oben: In der Pfarrkirche von Bad Mitterndorf
Bild rechte Seite Mitte: In Obersdorf
Bild rechte Seite unten: Hinterbergertal mit Grimming

Bewirtschaftung an. Das heutige Pichl-Kainisch hat seine dörflichen Strukturen erhalten, hier finden sich keine Sommerfrische-Villen mehr, es dominiert bäuerliche Architektur.
Bad Mitterndorf ist ein moderner Kurort mit Thermalbad und traditionsreichem Wintersportzentrum. Hier wurden schon im frühen 20. Jahrhundert die ersten österreichischen Skimeisterschaften ausgetragen. Am Ortsrand liegt die größte Naturschanze der Welt, der Kulm, auf dem wichtige Skiflug-Wettbewerbe stattfinden.
Bekannt ist Bad Mitterndorf außerdem für das „Hinterberger Nikolospiel", das jedes Jahr am 5. Dezember als bäuerliche Variation des „*Jedermann*"-Motivs aufgeführt wird.
Die Therme Heilbrunn befindet sich etwas außerhalb des Ortszentrums, bereits die Römer sollen hier in den warmen Quellen gebadet haben.
Wintersportler lockt es von Bad Mitterndorf auf die Tauplitzalm. Man erreicht die Almhochfläche über eine Mautstraße mit wunderbaren Ausblicken auf das Dachsteinmassiv. Auf dem Hochplateau gibt es sechs Seen, was die Tauplitz zum größten Seenhochplateau Mitteleuropas macht. Im Frühsommer ist die Alm mit blühendem Enzian und

Almrausch bedeckt, was die ins Auge springenden Bausünden leichter vergessen macht.
In der Nähe, bereits im Ennstal, befindet sich Schloss Trautenfels, das im 13. Jahrhundert als Sperrfeste errichtet wurde. Aus dieser Zeit sind noch mächtige Rundtürme sowie Basteien erhalten, innen finden sich schöne Fresken und Stukkaturen. In dem Schloss ist heute ein Landschaftsmuseum zur Geschichte und Kultur der Gegend untergebracht.
Östlich von Tauplitz liegt der Ort Pürgg – ein Bilderbuchdorf, das man unbedingt besuchen sollte. Pürgg liegt auf einem kleinen Plateau, direkt gegenüber dem Grimming, die Häuser drängen sich um zwei Kirchen. Bereits im Mittelalter stand auf der „Purgstallhöhe" mit der Burg Grauscharn eine wehrhafte Anlage. Berühmt ist Pürgg für die Johanneskapelle, die wahrscheinlich schon Teil dieser mittelalterlichen Anlage war.

Bild oben: Ödensee bei Pichl-Kainisch
Bild unten: Auf der Tauplitzalm
Bild rechte Seite oben: Pfarrkirche von Pürgg
Bild rechte Seite unten links: Tor zum Pfarrhof
Bild rechte Seite unten rechts: Detail in Pürgg

Seite 58 Bild oben: Detail des Katzen-Mäuse-Kriegs
Seite 58 Bild rechts: Johanneskapelle mit Grimming
Bild Seite 59: Briefe aus dem Ausseer Land

Dominiert wird das Hinterbergtal vom Gebirgsstock des Grimming. Seine imposante Erscheinung ist vor allem darauf zurückzuführen, dass der 2.351 Meter hohe Berg frei steht und nicht mit anderen Erhebungen verbunden ist. Lange galt er deshalb auch als der höchste Berg der Steiermark. Geologisch besteht der Grimming aus Dachsteinkalk und stellt eine abgebrochene Scholle des Massivs dar. Der Berg ist bei Wanderern und Bergsteigern beliebt, die einzige Hütte liegt in Talnähe und ist von Trautenfels, etwas östlich von Pürgg, erreichbar.

Katzen-Mäuse-Krieg in der Pürgger Kapelle

Man nimmt an, dass die Johanneskapelle von Markgraf Ottokar III. und Abt Gottfried I. von Admont gegründet wurde und bereits Teil der mittelalterlichen Burganlage war. 1160/1165 wird sie das erste Mal urkundlich erwähnt. Die romanische Kapelle liegt an einem schönen Aussichtspunkt, bemerkenswert ist aber vor allem ihr Inneres mit besonders gut erhaltenen Fresken aus dem 12. Jahrhundert. An der hinteren Südseite findet sich das berühmteste Motiv, der so genannte Katzen-Mäuse-Krieg: Mäuse verteidigen mit Pfeil und Bogen ihre Burg gegen angreifende Katzen, von denen eine unter einem Schild Schutz sucht. Vermutlich bezieht sich die Darstellung auf eine Tierfabel Äsops.

A.M.E.

Musik im Salzkammergut

Musik begleitet im Salzkammergut nicht nur nahezu alle Feste und Anlässe des traditionellen Jahreslaufs, sie ist auch im täglichen Leben allgegenwärtig. Nach wie vor wird in vielen Familien die Tradition der Hausmusik ausgeübt. Daneben haben sich aber auch Feste herausgebildet, bei denen die Musik im Mittelpunkt steht, wie der „Geigentag" in Bad Goisern, das Neujahrsblasen am Attersee, der „Pfeifertag", das gründonnerstägliche „Antlass-Singen" in Traunkirchen oder der „Attergauer Kultursommer".
Die Beziehung zwischen der Musik und dem Salzkammergut ist mannigfaltig, nahezu an jedem Ort tut sich eine zusätzliche Variante auf, die die Musikalität der Region um einen weiteren Ton bereichert. Das Tanzen, Singen und „Påschen" gehören zu den ältesten Formen der Unterhaltung, früher wurde in den Scheunen getanzt oder auf den Almhütten – in Socken zur Mundharmonika-Begleitung. Diese Tänze waren vor allem den Jungen vorbehalten, galt es doch, hier sein Mädchen oder seinen Burschen auszuwählen bzw. wieder zu treffen. Die Mädchen erschienen zwar alleine oder

Bild oben: Bürgermusik Bad Goisern
Bild rechts: „Geigentag" in Bad Goisern
Bild unten: Neujahrsblasen am Attersee

mit Angehörigen zum Tanz, konnten aber in Begleitung ihres Schatzes nach Hause gehen. Zur Werbung hatten sich ganz bestimmte Rituale entwickelt. So wurde zum Beispiel in Gruppen oder Kameradschaften getanzt, die sich den jeweiligen Tanz extra aussuchte, schließlich wollte man ja gute Figur machen. „Zuwitanzer", also sich einmischende Tänzer, die der Gruppe nicht angehörten, wurden nicht geduldet. Mehr und mehr kamen mit der Öffnung des Salzkammerguts und dem vermehrten Tourismus auch neue Melodien und Tänze in die Region, die adaptiert wurden und die Bräuche wandelten. So wurden im 19. Jahrhundert zunehmend auch Walzer und Polka getanzt, die das Landler- und Steirer-Repertoire erweiterten und auch die Tanzfiguren veränderten.
Die Bedeutung der Musik im Salzkammergut förderte auch den Instrumentenbau. So gab es einst in Bad Goisern, das bis heute allgemein als ein Zentrum für Handwerkskunst gilt, einige Geigenbauerwerkstätten. Seine Blütezeit erlebte der Goiserer Geigenbau um 1780, bis zum Ende des 19. Jahrhunderts

Bild oben: Am „Pfeifertag" werden nicht nur Seitlpfeifen gespielt.
Bild unten: Sommerliches Konzert am Hallstätter See

konnte sich diese Tradition lebendig erhalten. Die bekanntesten Geigenbauer waren die Familien Gandl, Kefer und Peer. Wegen ihrer Klangfülle und Formschönheit wurden diese Instrumente weit über die Grenzen des Salzkammerguts bekannt. Ärmere Musikanten fertigten sich selbst Geigen an, zum Beispiel aus Holzschachteln. Noch heute wird der Tradition des Geigenbaus und -spiels in Bad Goisern mit dem jährlichen Geigentag gedacht.

Neben der traditionellen Volksmusik, die in den einzelnen Regionen des Salzkammerguts stark variiert, gibt es noch andere Formen des Musizierens. Eine typische ist das so genannte „Påschen", was man am besten mit Klatschen übersetzen könnte. Die Hände werden als Musikinstrumente eingesetzt, durch stakkatoartiges, wohl aufeinander abgestimmtes Klatschen in der Gruppe werden Tänze oder Musik begleitet, es kann aber auch einfach „solo" gepascht werden, zwischendrin wird dann oft ein Gstanzl gesungen. Dass es sich dabei nicht um einfaches Drauflosklatschen handelt, wird dem Unkundigen schnell klar, durch kurze Signalwörter werden Rhythmen oder Form des „Påschens" verändert, selbst die Haltung der Hände – hohl oder flach – hat entscheidende Auswirkung auf den Klang. „Einipåschen" ist jedenfalls verpönt.

Eine andere Form der Musik, die landläufig mit dem gesamten österreichischen Alpenraum in Verbindung gebracht wird, ist das Jodeln. Es hat sich aus der Kommunikation auf den Almen entwickelt, als sich die Sennerinnen von der einen zur anderen Alm mit „Jugitzern" unterhielten. Melodiösere Formen dieser Verständigung nannte man „Ludln". Der „Almschroa" ist eine weitere Form dieses sprachlosen, aber umso klangvolleren „Singens".

Ein Instrument, das ganz besonders eng mit der Geschichte des Salzkammerguts verbunden ist, ist die Flöte. Schließlich ist das älteste, prähistorische Fundstück aus der Region eine Flöte, geschnitzt aus einem Bärenknochen. Die typischen Flöten werden als Pfeifen bezeichnet: Die „Seitlpfeife", auch Schwegelpfeife genannt, ist die Urform der Querflöte, ein einfaches hölzernes Instrument mit sechs Grifflöchern, das früher oft einhändig zugleich mit einer Trommel gespielt wurde. Im Mittelalter und der Renaissance war es vor allem im Feld als

Kriegsinstrument in Verwendung.
Jedes Jahr zu Mariae Himmelfahrt, am 15. August, treffen sich Seitlpfeifer sowie andere Bläser, Trommler, Geigenspieler und Maultrommler zum gemeinsamen Musizieren auf einer der Almen des Salzkammerguts. Der so genannte Pfeifertag wurde 1925 auf Anregung des Ischler Bergmeisters und Volksmusikanten Leopold Khals ins Leben gerufen. Damals traf man sich auf der Blaa-Alm bei Altaussee; zum ersten Treffen kamen nur einige, inzwischen ist die Menge der Musikanten beinahe unüberschaubar geworden und über Nachwuchsprobleme muss man sich keine Sorgen machen.
Die starke musikalische Tradition des Salzkammerguts hat auch heutige Musiker beeinflusst, geformt und weit über die Grenzen Österreichs bekannt gemacht. So zum Beispiel Hubert von Goisern, Mitbegründer des so genannten Alpenrocks, die Ausseer Hardbradler, die Ausseer Geigenmusi, die Grundlseer Geigenmusi, die Bradlmusi und die Seer, um nur einige Interpreten zu nennen.

Bilder linke Seite: Am „Pfeifertag"
Bild rechts: Dreiergesang beim „Pfeifertag"
Bild unten links: Auch so kann man Kochen – beim „Pfeifertag".
Bild unten rechts: Musik begleitet auch den Schaftag.

Inneres Salzkammergut

Das Innere Salzkammergut bildet mit dem Hallstätter Salzberg den historischen Kern des Salzkammerguts. Das Salz und der Salzabbau prägen seit Jahrtausenden die Kulturlandschaft um Hallstatt. Zahlreiche Monumente wie der Rudolfsturm, die Seeklause in Steeg, der Gosauzwang oder die Chorinsky-Klause, technische Meisterleistungen ihrer jeweiligen Zeit, zeugen von der Bedeutung der Salzgewinnung.

Landschaftlich dominiert das mächtige Dachsteingebirge, auf das man hier immer wieder beeindrukkende Fernblicke hat. Neben den Gemeinden Bad Goisern und Gosau schmiegt sich Hallstatt eng an das steile Ufer des Hallstätter Sees, dessen südöstliche Seite bei Obertraun in einem großzügigen und sonnigen Talboden ausläuft. Gemeinsam mit dem Ausseerland wurde ein großer Teil des Inneren Salzkammerguts, insbesondere Hallstatt, 1997 von der UNESCO zum Weltkulturerbe erklärt.

Bild: Abendstimmung mit Blick von Pichlern bei Bad Goisern Richtung Bad Ischl

Bad Goisern

Die Gemeinde von Bad Goisern erstreckt sich über ein flächenmäßig großes Gebiet. Die weit verstreuten Siedlungen gehen auf Holzknechthütten zurück, denn in den Wäldern um Bad Goisern wurde Holz für die Sudpfannen geschlagen. Im 14. Jahrhundert wird Bad Goisern als „*Gebisharn*" erstmals urkundlich erwähnt. Zum „Bad" Goisern wurde das Dorf 1955, als Luftkurort und Heilbad mit Jodschwefelquellen ist es freilich bereits seit 1931 bekannt.

Bad Goisern ist für sein gelebtes Brauchtum bekannt: Von der Pflege ursprünglicher Volksmusik, den Singvogelfang bis zum jährlich stattfindenden Gamsjägertreffen. Wohl auch aufgrund dieser speziellen Traditionen sagt man den Goiserern eine besondere Mentalität nach. Diese stellten sie bereits in Zeiten der Gegenreformation unter Beweis: Bis heute ist der überwiegende Teil der Bevölkerung evangelisch.

Bekannt ist Bad Goisern einerseits durch die berühmten „Goiserer", die immer noch maßgefertigten, zwiegenähten Bergschuhe, die bereits Kaiser Franz Joseph I. schätzte. Auch heute noch werden in der einzigen erhaltenen Werkstätte Goiserer angefertigt und in die ganze Welt versandt. Andererseits hat der Musiker Hubert von Goisern, mit bürgerlichem Namen Hubert Achleitner, seinen Heimatort prominent gemacht.

Bild oben: Musikschule in Bad Goisern
Bild unten: Typisches „Stöckl" bei Riedln

Im 19. Jahrhundert besuchte der berühmte Philosoph Ludwig Feuerbach Bad Goisern – er war der Einladung Konrad Deublers gefolgt. Deubler, der so genannte Bauernphilosoph, Sohn eines armen Bergarbeiters, war Autodidakt und studierte die Schriften der Geistesgrößen seiner Zeit, neben Feuerbach zum Beispiel Ernst Haeckel und Ludwig Anzengruber. Wenngleich Deubler selbst kein Philosoph war, so war er doch ein wichtiger Vermittler und Verbreiter freidenkerischer Ideen im Raum des Inneren Salzkammerguts.
Nahe Bad Goisern im Weißenbachtal befindet sich die Chorinsky-Klause, ein Stauwerk aus dem 19. Jahrhundert, das immer noch voll funktionstüchtig ist. An ihrem Ort stand bereits 1526 ein hölzerner Bau. Noch heute wird die Klause „geschlagen", d.h. geöffnet – ein Spektakel, das stets zahlreiche Schaulustige anlockt.

Gamsjagatage

Ende August, wenn in Bad Goisern die Gamsjagatage stattfinden, werden ein Wochenende lang die verschiedensten Traditionen der Region gepflegt. Dabei gibt es nahezu klassische Programmpunkte wie die Gamsbartolympiade, das Treffen der Gamsjäger, die dabei stolz ihre prunkvollen

Gamsbärte in den regionalen Varianten zeigen, oder das Gamsjagaschießen, bei dem die Schützenvereine ihr Können unter Beweis stellen. Während der Gamsjagatage finden Brauchtums- und Trachtenfestumzüge statt, das regionale Handwerk präsentiert sich, und natürlich darf die entsprechende musikalische Begleitung nicht fehlen. Hier kann man authentische Volksmusik hören und die Blasmusikkapellen in ihren Trachten bei den Umzügen begleiten. Auch die „Goiserer Beriga Pascher" geben Einblick in die hohe Kunst des gemeinsamen rhythmischen Klatschens, einer weiteren Besonderheit des Salzkammerguts.
Wer es lieber klassisch mag, besucht das „Salzkammergut Mozartfestival", das jährlich im Sommer in Bad Goisern und Hallstatt abgehalten wird. Den Höhepunkt bildet eine Mozartoper, umrahmt von Kammer- und Kirchenmusikkonzerten sowie Kabarettveranstaltungen. Das Festival soll Mozarts familiären Bezug zum Inneren Salzkammergut deutlich machen: Mozarts Urgroßvater Hans Wolfgang Zaller war im 17. Jahrhundert Marktschreiber in Hallstatt; Franz Xaver Wolfgang Mozart, der Sohn des großen Komponisten, bereiste die Gegend 1821.

Bilder linke Seite: Jeder Gamsbart ein Einzelstück
Bild oben: Rundum gute Stimmung bei den Gamsjagatagen
Bild unten: Bauernkrapfen gehören zu jedem Fest im Salzkammergut.

Schaftag in Bad Goisern

Der Schaftag ist in Bad Goisern und Gosau ein wichtiges Ereignis im bäuerlichen Jahreslauf. Er findet jedes Jahr an einem Samstag Ende September oder Anfang Oktober statt. Seit Jahrhunderten treiben die Bauern ihre Schafe im Frühjahr auf die Almen, wo sie in der warmen Jahreszeit ausreichend Futter finden und dabei auch auf schonende Weise Landschaftspflege betreiben. Im Herbst müssen die Schafe wieder zusammengetrieben werden, denn der Winter im Freien wäre zu hart und lang für sie. Die Tiere werden von den so genannten „Schaflern", die sich frühmorgens auf den Weg machen, zunächst gesucht und dann an einem Sammelplatz zusammengetrieben. Nun werden die Schafe in einen Pferch gesperrt, wo die Musterung stattfindet, um die Tiere an ihre Besitzer verteilen zu können. Jedes Schaf hat am Ohr eine bestimmte „Mâri" (Marke), eine besondere Kennzeichnung

Bild oben: Das Leitschaf wird zum Sammelplatz geführt.
Bild unten: Kurze Rast nach dem Zusammentreiben der Schafe

– Schnitte, Löcher oder ähnliches – oder eine aufgeheftete Markierung, an der es der rechtmäßige Besitzer erkennt. Beim „Ausrufen" wird das Schaf festgehalten und die jeweilige „Måri" beschrieben. Dabei hat sich eine ganz besondere Fachsprache entwickelt, die, vermischt mit dem regionalen Dialekt, für Außenstehende praktisch unverständlich ist. So bezeichnet etwa „Denk Edl Loh" ein Loch im linken Ohr des Schafs, andere Markierungen werden als „Gaberln" oder „Zahderln" bezeichnet. Meldet sich der Besitzer, vergleicht der zuständige Obmann die Marke mit dem Schafbuch und übergibt das Tier. Oft werden die Schafe noch am selben Tag geschoren, vorausgesetzt, sie sind vollzählig und wohlbehalten zu ihrem Bauern zurückgekehrt. Wenn nicht, beginnt eine oft mühevolle Suche, denn die Tiere sind abseits der Herde sehr scheu und das Gebiet ist groß. Die Schafler hingegen belohnen sich nach getaner Arbeit entsprechend in den nahe gelegenen Almgasthöfen.

Bilder oben und unten:
Die Schafe warten im Pferch auf die Musterung

Hallstatt

Bis weit in die zweite Hälfte des 19. Jahrhunderts war Hallstatt nur schwer, über Saumpfade oder auf dem Wasserweg, erreichbar. Und noch heute ist die Abgeschlossenheit spürbar, wenn man sich dem dunklen Tal, in dem der Hallstätter See liegt, langsam nähert. Der See wird auf nahezu allen Seiten von hohen Bergen umrahmt – im Osten vom Hohen Sarstein, im Westen vom Plassen mit dem Salzberg und im Süden von Teilen des Dachsteinmassivs. Dies lässt das Wasser des Sees fast immer schwarz aussehen – nur wenig Sonne gelangt auf seine Oberfläche. Wohl auch deshalb ist am See nur eine größere Siedlung entstanden, diese allerdings ist weltberühmt und wahrscheinlich eines der bekanntesten Fotomotive Österreichs: Hallstatt.

Heutzutage ist die Anreise mit dem Auto bequem, aber die schönste Art, Hallstatt zu erreichen, ist

Bild oben: Hallstatt – eines der meistfotografierten Motive im Salzkammergut
Bild unten: Auf kleinstem Raum stapeln sich die Häuser übereinander.

sicherlich die Ankunft mit dem Zug. Der Bahnhof liegt dem Ort gegenüber, auf der anderen Seite des Sees. Bei Einfahrt des Zuges wartet bereits ein Schiff, das die Reisenden über den See bringt. Der Anblick Hallstatts mit dem sich dahinter erhebenden Salzberg und dem Hochtal ist unvergesslich.

Der historische Kern des Ortes ist einzigartig: Auf kleinstem Raum stapeln sich hier die Häuser nahezu übereinander, der Balkon des einen führt geradewegs zur Eingangstür des Nachbarn. Die Siedlung drängt sich am kleinen Schwemmkegel des Mühlbachs, für Straßen war hier kein Platz, und so wird der Ort immer noch geprägt von schmalen Fußwegen und unzähligen Stiegen. Zentrum Hallstatts ist der malerische Marktplatz. Hier steht die Dreifaltigkeitssäule und hier erhebt sich auch der hohe Turm der evangelischen Kirche, die, gemeinsam mit der katholischen Pfarrkirche Mariä Himmelfahrt (auch „Unsere liebe Frau am Berg"), das Ortsbild Hallstatts prägt.

Wie andere Gemeinden im Inneren Salzkammergut hat auch Hallstatt neben der katholischen eine zahlenmäßig bedeutende evangelische Gemeinde. Die Ideen der Reformation waren hier auf fruchtbaren Boden gefallen, und der Gegenreformation wurde erbitterter Widerstand geleistet. Schließlich waren die Truppen des Salzburger Erzbischofs im Jahre 1601 erfolgreich und der Aufstand wurde niedergeworfen.

Erst das 1781 erlassene Toleranzpatent Josephs II. ermöglichte auch den Protestanten die Ausübung ihrer Religion, freilich immer noch eingeschränkt. 1861 wurde die evangelische Kirche mit dem Protestantenpatent Franz Joseph I. der katholischen gleichgestellt. Das evangelische Gotteshaus wurde 1863 im neugotischen Stil errichtet.

Um zur katholischen Kirche zu gelangen, muss man verwinkelte Gässchen und Treppen, unter anderem die so genannte „bedeckte Stiege", hochsteigen. Der spätgotische Bau wurde 1515 auf den Resten einer romanischen Kirche errichtet, von ihr ist noch der Turm erhalten, dem 1750 der barocke Zwiebelturm aufgesetzt wurde. Im Inneren ist der spätgotische Marienaltar (entstanden um 1515), ein doppelter Flügelaltar von Leonhard Aist, einem Schüler Michael Pachers, bemerkenswert. Auf den Flügeln, die im Dezember geschlossen bleiben, sind 16 Szenen aus dem Leben Marias dargestellt. Er gilt als der „Knappenaltar" und damit als Gegenstück zum neogotischen „Bürgeraltar" aus 1895.

Um die Kirche erstreckt sich der Friedhof, in dem die Michaelskapelle mit dem Beinhaus steht. Dieses stammt aus dem 12. Jahrhundert und beherbergt die Überreste von rund 1.200 Verstorbenen. Aufgrund der Platznot auf dem Hallstätter Friedhof werden die Gebeine der Verstorbenen nach etwa 10 bis 15 Jahren ausgegraben, gereinigt, in der Sonne gebleicht und dann im Beinhaus untergebracht. Um

Bild oben: Blick vom Hallstätter Friedhof über den See
Bild unten: Die schön verzierten Schädel im Beinhaus

1720 begann man damit, die Schädel zu bemalen: Sie werden mit Namen und Lebensdaten beschriftet und mit verschiedenen Motiven verziert; die männlicher Verstorbener mit Eichenlaub und Efeu, jene der Frauen mit Blumen.

Die Platznot macht sich auch andernorts in Hallstatt bemerkbar. Die Bootshäuser werden ebenso für die Lagerung von Holz und allerlei Gerät, für das in den Häusern kein Platz ist, verwendet. Den Brennstoff holt man mit Booten, den sogenannten Fuhren, ab. Dies ist einfacher, als langwierig treppauf und treppab zu laufen.

Im örtlichen Kulturerbemuseum findet man ausführliche Erklärungen zu der hier entdeckten Kultur, die einer ganzen Periode den Namen gegeben hat: Der Hallstattkultur. In jener prähistorischen Zeit siedelten die Menschen nicht am Ufer des Sees, sondern im über dem Ort gelegenen Hochtal, wo heute noch Salz abgebaut wird. Dort entdeckte Georg Ramsauer Mitte des 19. Jahrhunderts auch die weit ausgedehnten Gräberanlagen, die er detailliert dokumentierte. Immer noch sind hier archäologische Grabungsteams tätig, und laufend werden erstaunliche Entdeckungen gemacht. Eine der größten Sammlungen von Funden der Hallstattkultur befindet sich im Museum in Hallstatt, wo man gleichzeitig einen Überblick über die weitere Entwicklung der Region bis zur Aufnahme ins Weltkulturerbe 1997 erhält. Natürlich ist auch das Gräberfeld selbst zugänglich, genauso wie der älteste Salzstollen der Welt. In den „Salzwelten" erhält man im Bergwerk außerdem einen Eindruck von der Entwicklung des Salzbergbaus bis zur heutigen Zeit.

Um ins Hochtal zu gelangen, wählt man entweder den Fußweg zum Rudolfsturm oder die bequeme Variante mit der Salzbergbahn. Der langsamere Aufstieg zu Fuß belohnt mit vielfältigen Eindrücken der typischen Hallstätter Bauweise. Den so genannten „Kerntragweibern" blieb jedenfalls keine andere Wahl, als den Fußweg hochzusteigen: Bis 1890

mussten sie zwei Mal täglich zum Salzbergwerk, um von dort bis zu 50 Kilogramm schwere Steinsalzbrocken („Kernsalz") in ihren Tragekörben ins Tal zu bringen. Das Kernsalz wurde zusätzlich zum Sudsalz, das in der Soleleitung abtransportiert wurde, aus dem Salzberg geholt.
Der Rudolfsturm ist eines der vielen Zeichen der habsburgischen Vorherrschaft im Salzkammergut. Er wurde 1282 bis 1284 von Herzog Albrecht I. errichtet, der ihn wahrscheinlich nach seinem Vater, Rudolf I., benannt hat. Damals diente der Turm im Salzkrieg zur Abwehr gegen den salzburgischen Erzbischof Konrad IV., ab 1313 war er Wohnstätte des jeweiligen Bergmeisters. Heute ist darin ein Restaurant mit herrlicher Aussicht untergebracht.
Durch den Hallstätter See fließt, wie durch so viele Seen des Salzkammerguts, die Traun, die bis zum Ende des 16. Jahrhunderts, als die Soleleitung nach Ebensee gebaut wurde, für den Transport des Salzes zu Wasser genutzt wurde. Doch war für die Zillen, die das Salz transportierten, der Wasserstand der Traun häufig zu niedrig. Auch am Hallstätter See musste man deshalb Konstruktionen errichten, die es ermöglichten, den Wasserpegel zu heben. Am Nordufer des Sees, in Steeg, wurde daher 1523 die knapp 111 Meter lange Seeklause errichtet. Die noch funktionstüchtige Holzkonstruktion, die in ihrer heutigen Form aus den Jahren 1564 und 1573 stammt, gilt als eines der ältesten technischen Denkmäler des oberösterreichischen Salzkammerguts. Die Klause musste vier Stunden vor Durchfahrt der Schiffe geöffnet werden, damit sich das ganze Flussbett mit ausreichend Wasser füllte; ansonsten konnte es passieren, dass die Schiffe das Wasser „überholten" und erst recht im seichten Wasser auf Grund liefen. Im Frühjahr, wenn der Wasserstand höher ist, benötigten die Schiffe zweieinhalb Stunden bis zum Traunsee, im Herbst konnte es drei bis vier Stunden dauern.

Bild linke Seite: Idylle am Weg zum Rudolfsturm
Bild oben: Fast wie ein Gemälde – das Wasser des Hallstätter Sees

Fronleichnamsprozession

Seit 1623 findet in Hallstatt alljährlich im Frühsommer, am zweiten Donnerstag nach Pfingsten, die weithin bekannte Fronleichnamsprozession statt. Bei diesem wichtigen katholischen Kirchenfest wird die leibliche Gegenwart Jesus Christus' im Sakrament der Eucharistie gefeiert, als sichtbares Zeichen wird das Allerheiligste in einer Monstranz in einem Festzug von den Gläubigen begleitet.
Am Wasser ist in Hallstatt mehr Platz für eine große Prozession als in den engen Gässchen und Stiegen des Ortes. Es bedarf tagelanger Vorbereitungen, bis die „Fuhren", die traditionellen Plätten, und der „Muzen", das zum Altarschiff umfunktionierte ehemalige Salzschiff, mit Blumen und Laub für den feierlichen Anlass festlich geschmückt sind. Anstatt wie früher vier bis fünf fahren heute nur noch zwei große von Hand geruderte Schiffe bei der Prozession mit. Fast jede Familie des Ortes nimmt mit ihrem eigenen, schön dekorierten Boot an der Prozession teil. Seit dem Ersten Weltkrieg dürfen sich auch Gäste an dem eindrucksvollen Schauspiel beteiligen.

Bild linke Seite: Blick auf Hallstatt von oben
Bild oben: Das Allerheiligste wird durch den Ort getragen.
Bild unten: Fronleichnamsprozession am Hallstätter See
Bild nächste Seite: Die geschmückten Plätten der Fronleichnamsprozession sind ein beliebtes Fotomotiv.

Ihren Ursprung haben die Fronleichnamsfeierlichkeiten in den Zeiten der Gegenreformation, als die Jesuiten, die in der Prozession eine Art „Volksliturgie" sahen, diese zu einem besonderen Ereignis für den gesamten Markt machten. Seit 1628 gilt die Seeprozession außerdem als „immerwährende Stiftung" des Salzbergbaus Hallstatt: Den Stiftern waren die Verehrung und Anbetung des Herrn, Bekenntnis des Glaubens und die Bitte um Segen für alle Lebens- und Arbeitsbereiche in Hallstatt ein Anliegen. Bis 1965 stellte die Saline das Altarschiff, den „Muzen", aus eigenen Beständen für die Prozession zur Verfügung. Seit der Salztransport zu Wasser eingestellt wurde, werden eigens angeschaffte Boote verwendet. Noch heute gestaltet die Saline die Prozession mit und schmückt das Boot, auf dem der jeweilige Salinendirektor, die Salinenmusikkapelle und eine Abordnung des Bergbaus mitfahren.

Ein wichtiges Element der Fronleichnamsprozession sind die Hallstätter Fronleichnamsschützen, die „Böller". Sie leiten mit ihren nach Heiligen benannten Vorderladern, den „Prangerstutzen", bereits ab sechs Uhr früh den Feiertag ein und begleiten ihn: Bis zum Beginn der Messe feuern sie alle 15 Minuten Schüsse ab, danach kündigen sie das Evangelium und jede Segensstation mit drei Schüssen an. Einzigartig ist auch die Musikbegleitung der Prozession: Der Kirchenchor intoniert vier eigens komponierte Barocklieder, drei davon werden ausschließlich von Frauen gesungen.

Die Fronleichnamsfeierlichkeiten beginnen mit einem Hochamt in der Pfarrkirche. Danach setzt sich die Prozession in Richtung Marktplatz in Bewegung, wo die erste von insgesamt vier Stationen vor der barocken Dreifaltigkeitssäule gehalten wird. Der Festzug wird dabei zur feierlichen Präsentation der verschiedenen Hallstätter Gruppen: Angeführt von der Salinenmusikkapelle folgt der Bergbaukondukt, dahinter die Kirchenfahne, dann die Goldhaubenfrauen, die Marienfahne und der Feuerwehrkondukt, bis nach weiteren Gruppen am Ende, von vier Männern getragen, der Baldachin (der „Himmel"), unter dem der Priester mit dem Allerheiligsten schreitet, folgt.

Bild oben: Die alljährliche Fronleichnamsprozession ist ein besonderes Ereignis.
Bild unten: Mitglied der Salinenmusik
Bild rechte Seite: Ein stolzes Mitglied der Feuerwehr Hallstatt

Adalbert Stifter im Salzkammergut

Adalbert Stifter besuchte das Salzkammergut wahrscheinlich 1829 das erste Mal, in einem Reisetagebuch aus jener Zeit werden die Orte Ischl, Gmunden und Hallstatt genannt. 1844 lernt er den Alpenforscher Friedrich Simony kennen. Im Sommer 1845 besucht Stifter ihn in Hallstatt, gleich nach der Ankunft machen die beiden trotz strömenden Regens einen Spaziergang im Echerntal.

Nach einiger Zeit treffen die beiden Herren auf zwei Kinder, „mit riesigen Filzhüten auf den Köpfen und mit regendurchtränkten Grastüchern überm Rücken", wie Simony später festhält. Stifter bittet die Kinder, ihm zu erzählen, woher sie kommen und wie sie sich vor dem Gewitter geschützt haben. Als Simony tags darauf dem Autor ein von ihm angefertigtes Aquarell einer Gletscherhöhle zeigt, verbindet Stifter dieses Motiv mit dem Kinderpaar. Die Erzählung, die daraus entsteht, ist berühmt geworden: „*Bergkristall*".

Bilder unten und rechte Seite:
Hallstätter Salinenmusik bei der Fronleichnamsprozession

Am Landungssteg besteigt die Prozession die Boote, das Allerheiligste wird auf das so genannte Sakramentsschiff getragen. Nun folgen die drei Stationen der Seeprozession. Nach den ersten beiden, nahe dem Ufer gelegenen, Stationen fahren die Schiffe so weit auf den See hinaus, bis man die Häuser oben am Salzberg sehen kann. Die kleineren Boote kreisen dabei um das Sakramentsschiff, so ist die Eucharistie bildlich immer im Mittelpunkt der Feierlichkeiten. Die vierte Segensstation ist die Salzbergstation, hier wird Gott für den Schicksalsberg des Ortes gedankt. Danach geht es zurück an Land, wo in der Kirche der Abschlusssegen gespendet wird.

Bild links:
Auf der Terrasse des
„Bräuhofs" in Hallstatt
Bild unten:
Die „Hallstatt" vor Anker

Dachstein

Der Dachstein, am südlichen Rand des Salzkammerguts, ist genau genommen kein Berg, sondern ein ganzer Gebirgsstock mit großer Ausdehnung. Seine richtige Bezeichnung lautet daher „Dachsteingebirge". Zur Landschaft des Dachsteins gehören Gletscherregionen wie der Schladminger, der Hallstätter und der Gosaugletscher ebenso wie karstige Flächen und sanfte Erhebungen. Den höchsten Gipfel bildet der Hohe Dachstein mit 2.995 Metern, gleich daneben liegt der Niedere Dachstein mit immer noch beachtlichen 2.934 Metern. Seit langem stellen sich Alpinisten den Herausforderungen des Dachsteingebirges. Neben den Besteigungen der Gipfel hat man versucht, das Bergmassiv mit Klettersteigen, Wegen und Schutzhütten zugänglicher zu machen, seit den 1950er-Jahren führen auch Seilbahnen zu den Wandergebieten und Skiressorts am Dachstein.

Drei Höhlen liegen im Dachsteingebirge, die zu Beginn des 20. Jahrhunderts entdeckt wurden. Alle drei erreicht man mit der Seilbahn von Obertraun an der südöstlichen Seite des Hallstätter Sees. Die Dachstein-Rieseneishöhle beeindruckt durch gewaltige Eismassen in bizarrsten Formationen. Das Eis ist etwa 500 Jahre alt und erreicht eine Dicke von bis zu 20 Metern. In nächster Nähe befindet sich die Dachstein-Mammuthöhle, die diesen Namen aufgrund ihrer gewaltigen Dimensionen trägt (und nicht etwa, weil dort Mammuts gelebt hätten). Jedes Jahr werden neue Teile dieser Höhle entdeckt; bis dato ist ein weitläufiges System von Gängen bekannt, das über 64 Kilometer lang ist und eine Höhendifferenz von mehr als 1.200 Metern überwindet.

Während die Rieseneishöhle und die Mammuthöhle seit etwa 1910 für Besucher geöffnet sind, wird die Koppenbrüllerhöhle bereits 1820 als beliebte Schauhöhle erwähnt. Sie ist eine so genannte Wasserhöhle, durch die ein unterirdischer Wildbach rauscht – in der Höhle hört man das „Brüllen" des Baches je nach Wasserstand wilder oder zahmer.

Bild: Simony-Denkmal im Echerntal

Friedrich Simony und der Dachstein

Der Name des 1813 geborenen Geografen, Alpen- und Gletscherforschers Friedrich Simony ist am Dachsteingebirge allgegenwärtig: Simony-Hütte, Simonyscharte, Simonywarte, Simonyspitze oder Simonyhöhle – sie alle wurden nach dem berühmten Forscher benannt. Simony stammte aus Böhmen und kam 20-jährig als Laborant nach Wien. 1840 reiste er das erste Mal ins Salzkammergut und bestieg im selben Jahr das Dachsteinplateau. Zwei Jahre später kehrte er wieder, auf sein Betreiben wurde ein Weg am Dachstein angelegt und das „Hotel Simony" errichtet, eine Unterstandshütte aus Steinen, die auch heute noch in der Nähe der Simonyhütte steht. Viele Male reiste Simony ins Salzkammergut, wo er unterschiedlichste Forschungen betrieb. Als erster ordentlicher Professor für Geografie – ab 1851 in Wien – gilt er als Begründer dieser Disziplin in Österreich. Früh erkannte Simony den Wert der Fotografie für die Forschung – von 1884 bis 1889 erarbeitete er eine umfangreiche Fotodokumentation des Dachsteingebirges. Simony war zwar nicht der Erstbesteiger des Dachsteins, jedoch der erste, der dieses Wagnis im Winter einging, ein Abenteuer, das ihm 1842 gelang. Adalbert Stifter hat seinem Freund Simony 1857 in der Figur des Heinrich Drendorf im Roman *„Der Nachsommer"* ein literarisches Denkmal gesetzt.

Bild links:
Blick auf Gosau mit der katholischen und evangelischen Kirche

Bild rechte Seite:
Der Vordere Gosausee mit Blick auf den Gosaugletscher

Gosau

„Die Gosau" ist kein Ort, sondern ein langes Tal, das sich vom Ufer des Hallstätter Sees bis zu den Gosauseen mit ihren imposanten Blicken zum Gosaukamm im Westen und dem Dachstein im Osten zieht. Durch das Tal schlängelt sich der Gosaubach, der in den Hallstätter See mündet. Nahe dieser Mündung befindet sich der Gosauzwang, jene 30 Meter hohe Soleleitungsbrücke, die als Überwindung des Tales zwischen 1755 und 1758 erbaut wurde.

Die Häuser und drei Kirchen im Dorf Gosau liegen weit verstreut auf einem Wiesenhang. Die Kirchen haben große historische Bedeutung, zeugen sie doch von der wechselhaften Geschichte der Region: Der älteste Sakralbau in Gosau ist die spätgotische Sebastianskirche aus dem Jahr 1507. Überragt wird sie vom Kalvarienberg mit seinen fünf Kreuzwegkapellen und seiner Kirche. Er wurde 1775 eingerichtet, als Zeichen der Gegenreformation. Während jener Zeit wurden viele Protestanten aus der Gosau vertrieben oder ausgesiedelt. Trotzdem ist Gosau, die erste österreichische Gemeinde, die sich während der Reformation zum Protestantismus bekannte, bis heute eine der größten evangelischen Gemeinden Österreichs – 71 Prozent der Bevölkerung sind Protestanten. Die neogotisch ausgestattete evangelische Kirche mit ihrem hohen Glockenturm stammt aus dem Jahr 1869.

Gosau hatte für das Salzkammergut nicht nur wegen seines heute noch sichtbaren Waldreichtums große Bedeutung, sondern ab dem 16. Jahrhundert auch wegen seiner berühmten Schleifsteine, die aus dem besonders feinen Sandstein von der westlichen Seite des Hallstätter Salzbergs gefertigt wurden. Als im 20. Jahrhundert natürliche Schleifsteine immer mehr durch solche aus Kunststein verdrängt wurden, legte man den Steinbruch 1969 still. Seit 1989 jedoch wird in Gosau wieder Sandstein abgebaut.

Am Ende des Gosautals gelangt man zu den Gosauseen. Von hier hat man einen wunderbaren Blick auf das Dachsteinmassiv und den Gosaukamm, wohl eines der meistfotografierten Motive des Salzkammerguts. Eine Seilbahn bringt Besucher auch auf die schöne und viel besuchte Zwieselalm. Der Naturforscher und Weltreisende Alexander von Humboldt war von diesem Panorama so beeindruckt, dass er den Vorderen Gosausee als das „Auge Gottes" bezeichnete. Die dunklen Wälder und steilen Ufer wirken auch heute noch imposant, selbst wenn die Technik in das Naturparadies Einzug gehalten hat: Der See dient als Speicher für ein Kraftwerk und wird um etwa zwölf Meter aufgestaut. Dem Naturerlebnis bei einer Seeumrundung tut das jedoch keinen Abbruch. Man kann auch bis zum Hinteren Gosausee wandern, der karger wirkt und dem der Dachstein schon beinahe unheimlich nahe ist, oder die Wanderung bis zur Adamekhütte im Dachsteingebiet ausdehnen.

Auf der Alm

Die Ursprünge der Bewirtschaftung von Almen – Weidegebiete, die vom Heimhof getrennt liegen und in den Sommermonaten beweidet werden – lassen sich nur schwer rekonstruieren. Urkundlich belegt ist sie seit dem ausgehenden 9. Jahrhundert. Die bereits frühe Nutzung der hoch gelegenen Wiesen hatte vor allem praktische Gründe: Es war einfacher, waldfreie Almen zu nützen als Weiden in tieferen Lagen durch mühevolle Rodung zu schaffen.
Die Betreuung des Viehs auf der Alm obliegt traditionell den Sennerinnen. Ursprünglich wurden alle Tiere eines Hofes „gealpt“, also auf die Alm gebracht, neben den Rindern auch Ziegen, Schafe, Pferde und Schweine. Heute betreuen die Sennerinnen vor allem Kühe, Jungvieh und Ochsen. Die so genannte „Alpung“ bringt viele positive Auswirkungen mit

sich: Die Gesundheit, Fruchtbarkeit und Kondition der Tiere wird durch die Bewegung gefördert. Die Futterpflanzen auf der Alm sind vitamin- und nährstoffreich, was sich auch auf den Geschmack der Milch auswirkt. Zudem bedeutet die Alpung eine Arbeitsentlastung am Hof.

Etwa dreieinhalb Monate, von Anfang Juni bis Mitte September – je nach Wetterlage –, verbringen die Sennerinnen mit ihrem Vieh auf den Almen des Salzkammerguts. Heutzutage übernehmen innerhalb der Bauernfamilie meist die Frauen der älteren Generation diese Aufgabe, neben den eigenen Tieren werden gelegentlich auch jene der Nachbarn auf der Alm mitbetreut.

Bis zum Ende des Zweiten Weltkriegs existierte auf den Höfen eine Lebensgemeinschaft der bäuerlichen Familie und der Dienstboten. Die Sennerin nahm nach der Bäuerin die wichtigste Stellung am Hof ein, sie hatte einen angesehenen und, wenngleich sehr anstrengenden, von vielen Frauen angestrebten Beruf. Auf sich selbst gestellt trug sie während der Sommermonate die Verantwortung für den gesamten Viehbestand des Bauern. Die Verpflegung war zwar einfacher als am Heimathof, doch auf der Alm hatten die Frauen – Männer kamen nur als so genannte „Halter" für Schafe, Ziegen und Pferde in Frage – die Annehmlichkeit eines eigenen Raumes. Außerdem stand sie auf der Hochweide außerhalb der strengen Kontrolle des Dorfes und des Hofes, soziale Bindungen konnten anders gestaltet werden. Eine Heirat war für Dienstboten damals aus finanziellen Gründen meist nicht möglich, ledige Kinder, mit

Bild linke Seite oben: Auf der Hütteneckalm bei Bad Goisern
Bild oben links: Frieda Kain – Sennerin auf der Hütteneckalm
Bild oben rechts: Topfenproduktion auf der Alm
Bild rechts: Festtracht der Sennerinnen

Bad Ischl

Die berühmte Kurstadt Bad Ischl im Herzen des Salzkammerguts vereint nahezu alle Eigenschaften der Region, einzig ein See fehlt dem idyllischen Ort, doch die wunderbare „Sophiens Esplanade" entlang der Traun macht dieses Manko beinahe wett. Das Stadtwappen spiegelt die geografische Lage Ischls – 1906 wurde der Ort zu Bad Ischl – wider: Drei dunkle Hügel, auf denen eine Gämse steht, symbolisieren die Hausberge um Ischl; der bekannteste davon ist die Katrin, nordwestlich davon der Hainzen, nordöstlich die Hohe Schrott. Einige kleinere Hügel erheben sich nahezu in der Stadt selbst: Der Siriuskogel, der Kalvarienberg und der Jainzen. Die Esche im Wappen hingegen verweist auf die Überlieferung, nach der sich im Ischler Tal früher ein Waldgebiet ausbreitete.

Der Ischler Salzberg war jahrhundertelang die wirtschaftliche Grundlage für die Bewohner des Ortes. 1562 hatte man salzhaltige Lacken in der Nähe Ischls

Bild oben: Ein Hauch von Melancholie: Bad Ischl im Regenwetter
Bild unten: Blick von der Elisabethbrücke mit dem heiligen Nepomuk auf die „Sophiens Esplanade"
Bilder rechte Seite: Stadtimpressionen, der Schnürlregen lädt zum Flanieren ein.

entdeckt, im Jahr darauf schlug man den ersten Stollen. Da der Salzhandel sich bereits bis zu den Ländern der böhmischen Krone erstreckte, wurde dieser verstärkte Abbau in der Region notwendig. Der Ischler Salzberg war jedoch nie so ergiebig wie jener in Hallstatt oder Altaussee: Zahlreiche verschiedene Zugänge in den Berg waren notwendig, um das salzhaltige Gestein zu erreichen, immer wieder mussten Stollen aufgelassen und alternative Abbaumöglichkeiten gefunden werden. Heute wird Salz in der Gegend um Bad Ischl auf den Sulzbachfeldern abgebaut, allerdings in modernen Solegewinnungsverfahren. Bereits im 19. Jahrhundert wurden für die ersten Kurgäste so genannte Fremdbefahrungen in den stillgelegten Stollen organisiert. Seit Ende der 1990er-Jahre ist das Werk für Besucher komplett geschlossen.

Das Salz ist auch Grundlage der Blüte Bad Ischls als Kurort. Der Salinenarzt Dr. Josef Götz hatte bereits zu Beginn des 19. Jahrhunderts versuchsweise die Hautkrankheiten und den Rheumatismus der Salinenarbeiter mit Salzbädern behandelt und dabei gute Erfolge erzielt. Dr. Franz Wirer, Leibarzt von Kaiser Franz I., entwickelte Götz' Ideen ab 1821 weiter. 1823 gründeten beide die erste Badeanstalt in Ischl. Schnell nahm die Zahl der Gäste zu, entsprechend musste die Infrastruktur des kleinen Ortes, der auch durch seine schöne Lage und das gute Klima bestticht, ausgebaut werden. Außerdem zeichnete der Wiener Arzt verantwortlich für die Errichtung von „Sophiens Esplanade", sowie die Anlage des Kurparks. Neben Büsten von Franz Lehár und Emmerich Kálmán findet sich im Park auch das Wirer-Denkmal, das der Arzt selbst finanzierte. Der „Erfinder der Kurstadt Ischl" ließ sich hier als römischer Imperator in Toga darstellen. Auf dem Sockel sind eine Frau mit einem Glas Salzwasser in der Hand, ein Kind und ein Storch abgebildet – ein Hinweis darauf, dass die Kur in Ischl besonders gegen Kinderlosigkeit helfen sollte.

1831 wurde die im klassizistischen Stil errichtete Trinkhalle fertiggestellt. Hier konnte man Bäder nehmen bzw. Trinkkuren mit Molke machen. Der Bau wurde Mitte des 19. Jahrhunderts erweitert, im

Bild oben: Lehár-Büste im Kurpark
Bild unten: Oberer Salon in der Lehár Villa

20. Jahrhundert jedoch vernachlässigt und in den 1960er-Jahren beinahe abgerissen. Heute ist das Gebäude im Besitz der Stadt, originalgetreu renoviert und erstrahlt seitdem in altem Glanz. Gleich neben der Trinkhalle steht ein ebenfalls typisches Ischler Gebäude: Das Postamt im Gründerzeitstil. Zwillinge dieses Baus befanden sich in Triest und Meran. Der große Komplex hinter dem Postamt ist das Kolowrat-Sudhaus, eine ehemalige Saline, die bis 1965 in Betrieb war.
Als die kaiserliche Familie begann, ihre Sommer hier zu verbringen, zog Ischl immer mehr Gäste an. Viele Künstler versuchten auf diese Weise der Monarchenfamilie nahe zu sein und sich um die Gunst des Kaisers zu bemühen. So reiste etwa Anton Bruckner ab 1863 jedes Jahr zum Geburtstag des Kaisers an und spielte die Orgel in der Nikolauskirche. Auch Johannes Brahms hielt sich gerne in Ischl auf. Johann Strauß Sohn verbrachte, wenn er sich nicht gerade in seiner Villa in Kaltenbach vom Regen inspirieren ließ, viel Zeit im Café Ramsauer, dem ältesten Café Ischls. Hier hat Strauß nicht nur die eine oder andere Melodie komponiert und sie in Ermangelung von Papier einfach auf seine Manschetten notiert, sondern vor allem leidenschaftlich Billard gespielt. Später wurde ein weiterer Komponist Stammgast im Ramsauer – Robert Stolz, der unter anderem Lehárs „*Lustige Witwe*" in Wien zur Uraufführung brachte.

Franz Lehár erwarb 1912 eine Villa am Ufer der Traun und meinte, in Ischl habe er „immer die besten Ideen". Nach seinem Tod vermachte der Komponist seine Villa der Stadt, die sie als Museum der Öffentlichkeit zugänglich gemacht hat.

Nach Lehár benannt, wenngleich erst seit 1940, ist das Theater in Bad Ischl. Es wurde 1826–27 ebenfalls auf Betreiben von Dr. Wirer errichtet und bot rund 400 Zuschauer Platz. Die regelmäßigen Aufführungen im Sommer gaben vielen Schauspielern die Möglichkeit, ihr Talent vor dem Kaiser zu beweisen und so den Sprung an das Burgtheater in Wien zu schaffen. Andere Darsteller, bereits in Wien sehr bekannt, folgten dem Hof in die Sommerfrische – Größen wie Katharina Schratt, Alexander Girardi, Adele Sandrock und Johann Nestroy traten hier auf. Mit solchen Künstlern auf der Bühne und Dirigenten wie Lehár oder Strauß am Pult waren die Darbietungen in Ischl von hoher künstlerischer Qualität. Auch nach dem Ende der Donaumonarchie sah man noch große Schauspieler in Ischl, so etwa Hans Moser, Karl Valentin, Paula Wessely oder Susi Nicoletti.

Dominiert wird das Ortsbild Ischls außerdem vom großen Komplex des ehemaligen Hotel Post, dem ältesten Hotel des Salzkammerguts. Es wurde 1827/28 errichtet – bis 1895 war das kaiserlich-königliche Postamt im Hotel untergebracht. Dementsprechend gab es hier auch Stallungen für die Postpferde: Die Postalm bei Strobl hat ihren heutigen Namen von den Postpferden erhalten, die dort den Sommer verbrachten. Das Hotel Post wurde mehrmals erweitert, 1895 erhielt es die heute noch bestehende prachtvolle gelbe Fassade. 1988 wurde der Hotelbetrieb aufgelassen, denn die Erhaltung des großen Gebäudes war wirtschaftlich nicht mehr rentabel.

Nicht weit entfernt steht die Stadtpfarrkirche St. Nikolaus, deren Fassade noch heute vom Kaiserwappen mit dem Doppeladler geziert wird. In ihren Ursprüngen stammt die Kirche aus dem 14./15. Jahrhundert. Hier wurde im Jahr 1890 Erzherzogin Marie Valerie getraut, das Hochzeitsdiner fand im Hotel Post statt.

Bild oben: Lebzelten werden auch in Bad Ischl seit Langem hergestellt.
Bild unten: Muße für ein Schachspiel hat man hier allemal.

Die Kaiservilla

Bad Ischls Bekanntheit und sein Erfolg als Kurstadt sind untrennbar verbunden mit der kaiserlichen Familie. Bereits 1830 kamen die Eltern Kaiser Franz Josephs I., Erzherzog Franz Karl und Sophie, das erste Mal zur Kur hierher. Der Aufenthalt sollte gegen die Kinderlosigkeit des Paares helfen. Und wirklich: Innerhalb weniger Jahre brachte Sophie drei Söhne zur Welt, als ersten 1830 den späteren Kaiser Franz Joseph I. Die erfolgreiche Geburt der so genannten „Salzprinzen" machte die Kuren in Ischl weithin bekannt. Franz Joseph verbrachte als Kind viele Sommer mit seinen Eltern hier, und auch nach seiner Krönung im Jahr 1848 hielt er dem Salzkammergut die Treue. So kam er auch in jenem schicksalsträchtigen Sommer 1853 nach Ischl, um seinen Geburtstag zu feiern und gleichzeitig die Verlobung mit seiner Cousine Helene in Bayern bekanntzugeben, ganz wie es seine Eltern für ihn entschieden hatten. Franz Joseph I. traf seine Cousine gemeinsam mit deren Schwester Elisabeth zum Fünfuhrtee und – machte nicht wie geplant Helene, sondern deren Schwester, der erst fünfzehnjährigen Elisabeth, den Hof. Auch am nächsten Tag beim Tanz im „Haus Seeauer", in dem die kaiserliche Familie stets untergebracht war, tanzte er den Kotillon, den Haupt- und Ehrentanz, mit

Bild oben rechts: Blick von der Kaiservilla in den sommerlichen Park
Bild unten: Das ehemalige Schlafzimmer Kaiser Franz Joseph I.
Bild rechts: Im Stiegenaufgang – Zeugnisse der Habsburgischen Jagdleidenschaft
Bild rechte Seite: Im Roten Salon ist die Zeit stehen geblieben.

erhalten geblieben. Kaiserin Elisabeth tolerierte und förderte die Beziehung.
Auch im Sommer 1914 kam Kaiser Franz Joseph I. zur Sommerfrische in seine Villa nach Ischl. Doch am 28. Juni 1914 verbreitete sich die Schreckensnachricht: Der Thronfolger Franz Ferdinand und seine Frau waren in Sarajevo einem Attentat zum Opfer gefallen. Österreich stellte Serbien ein Ultimatum, das zwar beantwortet, aber nicht vollständig akzeptiert wurde. Am 28. Juli 1914 verfasste der Kaiser schließlich an seinem Schreibtisch im Arbeitszimmer der Kaiservilla das Manifest „An meine Völker", das die Kriegserklärung an Serbien bedeutete und in der Folge zum Ersten Weltkrieg führte. Wenig später verließ Kaiser Franz Joseph I. Ischl, in das er nicht mehr zurückkehren sollte.
Die Stadt gedenkt seiner jedes Jahr zu seinem Geburtstag am 18. August: Beim Kaiserfest spielen die Bürgerkapellen auf, in der Pfarrkirche St. Nikolaus wird die Kaisermesse, bei der die Kaiserhymne intoniert wird, in Anwesenheit von Mitgliedern der Familie Habsburg zelebriert.

Bild rechts:
Sommernachmittag im Park der Kaiservilla

Konditorei Zauner

Ein richtiger Kurort braucht eine Kurkonditorei – dachte sich Dr. Franz Wirer, der Ischler Tourismus-Pionier, und holte deshalb bereits 1821 den Wiener Zuckerbäcker Johann Zauner ins Salzkammergut. Er begann seine Tätigkeit in der Maxquellgasse, elf Jahre später, 1832, eröffnete er das Stammhaus in der Pfarrgasse, in dem sich die Konditorei auch heute noch befindet. Mit der Zeit erfreute sich die Konditorei bereits größter Beliebtheit bei den Kurgästen. Viele berühmte Gäste gingen ein und aus, die kaiserliche Familie ließ vom Zauner liefern – Sisis Vorliebe für Süßspeisen war bekannt. 1927 wurde schließlich das „Esplanade-Café Zauner" an „Sophiens Esplanade" eröffnet. Es wurde zum beliebten Treffpunkt für Komponisten. Franz Lehár soll hier gar seine Rechnungen ab und zu mit einem schnell komponierten Lied beglichen haben.

Bis heute ist die Beliebtheit der Konditorei, die bis heute im Besitz der Familie Zauner steht, ungebrochen. Kinderlosigkeit wurde in verschiedenen Generationen der Familie durch Adoption ausgeglichen und so konnte der Name Zauner erhalten bleiben. 1958 erhielt der Zauner-Konditor Richard Kurth für die Kreation der „Ischler Törtchen" auf der Weltausstellung 1958 eine Goldmedaille. Auch der heutige Besitzer, Josef Zauner, hat bereits zahlreiche Medaillen bei internationalen Wettbewerben gewonnen.

Das Erfolgsgeheimnis des Zauner sind seine köstlichen Spezialitäten: die Ischler Oblaten, der Zaunerstollen, der Zauner-Gugelhupf sowie die Ischler Törtchen und Kipferl. Die Oblaten brachte zur Jahrhundertwende der Pâtissier Josef Nickerl aus dem Grandhotel „Pupp" in Karlsbad mit. Die neue Spezialität wurde gut angenommen, doch ganz zufrieden war Nickerl nicht – es störte ihn, dass unschöne oder zerbrochene Oblaten nicht mehr verwendet wurden.

Bild oben: Klassisches Kaffeehausflair hat sich hier erhalten.
Bild links: Sisi – in Bad Ischl sehr präsent
Bilder rechte Seite: Nirgends im Salzkammergut ist die süße Versuchung so groß wie hier.

Er begann herumzuexperimentieren und nach vielen Versuchen mit dem Rohmaterial kamen Viktor Zauner und Josef Nickel schließlich auf die Idee, die Masse in eine längliche Kuchenform zu füllen und mit zartschmelzender Schokolade zu überziehen. Der Zaunerstollen war geboren! Seit 1905 wird er in seiner heutige Form angeboten. Der Zauner-Gugelhupf, der auch „Germgugelhupf Franz Joseph" genannt wird, wird noch heute nach dem Originalrezept von Katharina Schratt zubereitet. Wenngleich die Schratt täglich selbst einen Gugelhupf für das Frühstück mit dem Kaiser buk, so bestellte sie doch jeweils auch einen beim Zauner, für den Fall, dass ihr eigener einmal misslingen sollte. Mit einem Stück original Zauner-Gugelhupf kann man sich also für einen Moment lang richtig kaiserlich fühlen!

Der gleichbleibende Erfolg der Konditorei Zauner spricht für sich. Das Lokal ist nach wie vor Treffpunkt für jung und alt, für Gäste und Einheimische in Bad Ischl. Als einer der größten Arbeitgeber Bad Ischls werden hier im Sommer bis zu 30 Konditoren beschäftigt, die rund 200 verschiedene Mehl- und Süßspeisen herstellen.

Bilder links: Die Herstellung des berühmten Stollens benötigt viele Arbeitsschritte.
Bild unten: Fin-de-Siècle-Flair im Hauptcafé
Bild rechte Seite: Ein rosa Traum – die Punschkrapfen bei Zauner

Lauffen und Weißenbachtal

Wählt man, um von Bad Ischl nach Lauffen zu gelangen, die ehemalige Straße entlang der Traun, so gelangt man zuerst zur Talstation der Katrin-Seilbahn. Seit 1959 kann man sich hier bequem hochbringen lassen, oben wandern oder Schi fahren und vor allem den herrlichen Ausblick genießen.
Wer im Tal weiterspaziert, trifft bald auf das Kaiserjagdstandbild, das 1910 zum 80. Geburtstag Kaiser Franz Josephs I. errichtet wurde. Es erinnert nicht nur an die zahlreichen Aufenthalte des Monarchen in Bad Ischl, sondern vor allem an eine seiner größten Leidenschaften – die Jagd.
Etwas weiter, in Kaltenbach, steht mitten im dichten Wald die „Villa Blumenthal", benannt nach ihrem ersten Besitzer, dem Berliner Lustspielautor und Theaterdirektor Oskar Blumenthal. Er hat den hohen Holzbau 1895 nach Ischl gebracht – in Kisten verpackt. Entstanden ist der Fertigteilbau 1890 in Berlin, gezimmert aus der besonders langlebigen amerikanischen Pechkiefer. Die einzelnen Teile waren ohne einen einzigen Nagel aneinandergefügt. Gesehen hatte Blumenthal sein Traumhaus freilich nicht in Berlin, sondern auf der Weltausstellung in Chicago,

Bild oben: Der ewige Jäger – Kaiser Franz Joseph I. im Lauffener Wald
Bild unten: Nicht vergleichbar mit heutigen Bauten – die "Villa Blumenthal", das erste Fertigteilhaus

1893. Er kaufte es vom Fleck weg und schickte es auf die lange Reise per Schiff und Bahn ins Salzkammergut, wo er schon mehrere Sommer verbracht hatte. Am neuen Standort der Villa gefiel Blumenthal wohl besonders die Nähe zum „Weißen Rößl" – des heute nicht mehr existierenden Gasthofs in Lauffen. Der Autor ließ sich von der Geschichte der hübschen, verwitweten Wirtin sowie von Goldonis Komödie „*Mirandolina*" inspirieren und schrieb 1897 das Lustspiel „*Im weißen Rößl*". Später wurde die Handlung an den Wolfgangsee verlegt und als Revue inszeniert – das „*Weiße Rößl*" trat seinen weltweiten Siegeszug an.

Die Glanzzeit des alten Marktes Lauffen ist lange verblasst. Benannt ist der Ort nach einer hohen Stromschnelle (mittelhochdeutsch „*loufa*") in der Traun, hier als „Wilder Lauffen" bekannt. Die Stromschnelle, ein gefährliches Hindernis für die Salzschifffahrt, ist auch im Wappen des Marktes verewigt. Aufgrund der Zunahme des Salzhandels in der zweiten Hälfte des 13. Jahrhunderts, hatte der Ort wirtschaftlich große Bedeutung und fünf Lauffener Bürger erhielten das Salzfertiger-Recht. Im 19. Jahrhundert verkehrten für einige Jahre Ausflugsschiffe von Ischl bis zur Station Lauffen/Gasthof „Weißes Rößl", dieser Betrieb wurde jedoch eingestellt. Heute kann man die einstige Bedeutung des Marktes noch an der spätgotischen Wallfahrtskirche und am Fluss bei den Salzfertigerhäusern erahnen.

Bild oben links: Ab Februar sind die Sonnenhänge des Weißenbachtals bedeckt mit Schneerosen.
Bild oben: Das klare Wasser des Weißenbachs.
Das Tal war ein beliebtes Jagdgebiet der kaiserlichen Familie.

steilen Falkenwand zwischen St. Wolfgang und St. Gilgen eigenhändig eine Klause gebaut haben soll. Seine Einsiedelei – immerhin fünf Jahre soll Wolfgang am Falkenstein verbracht haben – ist noch heute in der Falkensteinkirche zu besichtigen, die 1626 darüber errichtet wurde.

In seiner Einsiedelei soll Gott den heiligen Wolfgang beauftragt haben, in der Umgebung eine Kirche zu errichten. Wolfgang konnte sich nicht für einen geeigneten Ort entscheiden und warf deshalb sein berühmtes Beil, mit dem der Heilige oft dargestellt wird, vom Falkenstein – es landete im heutigen St. Wolfgang. Den genauen Bauhergang lässt die katholische Überlieferung im Dunkeln, eine andere spricht vom Teufel selbst als Baumeister: Er bot Wolfgang die Errichtung eines Gotteshauses im Tausch gegen die Seele des ersten Kirchgängers. Der Heilige schlug ein, wählte jedoch als ersten Kirchengast einen Wolf. So fuhr der Beelzebub mit der Seele des Tieres zurück in die Hölle.

Wenngleich der Bischof wieder nach Regensburg zurückkehrte, blieb er dem Ort dennoch verbunden. Kurz nach seinem Tod wurde er im Jahr 1052 heilig gesprochen, bald wurden ihm zahlreiche Wundertaten nachgesagt und St. Wolfgang wurde zu einem beliebten Pilgerort.

Der romanische Kirchenbau – auf welche Weise er auch zustande gekommen sein mag – wurde 1183 erstmals urkundlich erwähnt. 1481 hatte man Michael Pacher mit der Gestaltung des mächtigen Flügelaltars beauftragt. Der Altar ist der einzige des wichtigsten Meisters der österreichischen Spätgotik, der noch an seinem Originalort steht und vollständig erhalten ist. 1515 wurde der spätgotische Pilgerbrunnen vor der Kirche errichtet. Ende des 17. Jahrhunderts folgten der Altar von Thomas Schwanthaler (1676) sowie der Schmerzensmann, die Altäre und die Kanzel von Meinrad Guggenbichler (1706), die die Pfarrkirche kunsthistorisch besonders wertvoll machen.

Unmittelbar neben der Kirche liegt das berühmte Hotel „Weisses Rössl". Das gleichnamige Lustspiel von Oskar Blumenthal ist jedoch vom Gasthof „Weißes Rößl" in Lauffen bei Bad Ischl, oder besser gesagt dessen schöner und kluger Wirtin, inspiriert. Das Lustspiel erlebt seine Premiere 1897 und kommt beim Berliner Publikum sehr gut an. Später gerät das Stück langsam in Vergessenheit. Bis der Schauspieler Emil Jannings, begeisterter Urlauber im Salzkammergut, sich an eine seiner ersten Rollen als Komparse im *„Weißen Rößl"* erinnert. Als der Regisseur Erik Charell, gerade auf Stoffsuche,

Bild unten: St. Wolfgang mit dem Schafberg
Bild rechte Seite: Auf der Terrasse des „Weissen Rössl" lässt sich ein Gewitter gut abwarten.

Jannings am Wolfgangsee besucht, erzählt dieser ihm von seinem Debütstück. Der Rest ist Geschichte – das Lauffener „Weiße Rößl“ wird an den Wolfgangsee verlegt, schnell werden einige Künstler zusammengetrommelt, um aus dem Lustspiel eine Revue zu machen: Hans Müller schreibt das Libretto, Robert Gilbert ist für die Liedtexte zuständig und Ralph Benatzky komponiert die Musik, dazu kommen noch Stücke von Bruno Granichstaedten und Robert Stolz. 1930 findet die Premiere der Revue *„Im Weißen Rößl“* in Berlin statt und ist ein Riesenerfolg. Inszenierungen in Paris und New York folgen, drei Mal wird der Stoff verfilmt.

Das *„Weiße Rößl“* machte St. Wolfgang auf der ganzen Welt berühmt. Filmstars und andere Prominente ließen es sich nicht nehmen, den Schauplatz des *„Weißen Rößl“* zu besichtigen. Und heute? Das Hotel „Weisses Rössl“ existiert immer noch, und viele Reisende nehmen sich zumindest Zeit für einen Kaffee auf der Terrasse des berühmten Hauses.

Bild linke Seite: In den engen Gassen von St. Wolfgang
Bild ganz oben: Einer der vielen Gastgärten
Bild oben: Das „Weisse Rössl“ am Wolfgangsee

Schafberg

Untrennbar mit St. Wolfgang und dem See verbunden ist der markante Schafberg, wobei der Aufstieg seit 1893 wesentlich weniger beschwerlich ist: Damals wurde nämlich die Zahnradbahn eröffnet, die seither unermüdlich jeden Sommer Tausende auf den 1.783 Meter hohen Berg bringt. Italienische Gastarbeiter halfen, das Projekt der heute noch bestehenden Firma Stern & Hafferl aus der Region in nur einem Jahr Bauzeit zu realisieren. Diese Bahn war, wie so viele infrastrukturelle Maßnahmen im Salzkammergut, eine technische Meisterleistung. Auf der 5,85 Kilometer langen Strecke überwinden die Züge einen Höhenunterschied von 1.192 Metern, die maximale Steigung beträgt 25,5 Prozent. Noch heute wird die Strecke von Dampfloks befahren, doch beim Brennstoff ist man von Kohle auf Schweröl umgestiegen. Die historischen Originalmaschinen aus 1893 kommen jedoch noch gelegentlich zum Einsatz. Die Eröffnung der Schafbergbahn hatte allerdings nicht nur positive Auswirkungen: Zahlreiche Sesselträger, die bislang

Gäste auf den Gipfel des Schafbergs getragen hatten – eine anstrengende, aber lukrative Tätigkeit für viele Einheimische – wurden von einem auf den anderen Tag arbeitslos.
Der Schafberg erhebt sich zwischen Wolfgangsee, Mondsee und Attersee, von seinem Gipfel kann man weitere Seen des Salzkammerguts erblicken – bis zu 13 bei guter Sicht, umgeben von zahlreichen Berggipfeln. Wer den Blick vom Schafberg länger genießen will, kann auch am Gipfel übernachten: Bereits 1862 wurde hier das erste Berghotel Österreichs errichtet.

Bild linke Seite oben: Gasthof Schafberg-Alpe
Bild linke Seite unten: Die Zahnradbahn erklimmt den Schafberg.
Bild ganz oben: Atemberaubender Abbruch des Schafbergs mit Blick auf den Mondsee und das Alpenvorland
Bild oben: Gemütliche Gaststube in der Schafberg-Alpe

bleiben, wo sie Klavierunterricht gab und nach dem Tod der Mutter den Haushalt führte. Über ihre Heirat konnte sie nicht selbst entscheiden. Der von ihr erwählte Franz Armand d'Ippold, Erzieher der Edelknaben am fürsterzbischöflichen Hof, wurde von Vater Leopold nicht akzeptiert. Wenngleich ihr Bruder ihr dazu riet, nach Wien zu gehen, d'Ippold dort zu heiraten und ihr Glück als Musikerin zu versuchen, blieb Nannerl in Salzburg. Sie heiratete, nach dem Willen ihres Vaters, Berchtold von Sonnenburg, Amtsnachfolger ihres Großvaters, und ging mit ihm nach St. Gilgen, wo sie drei Kinder gebar. Nach dem Tod ihres Mannes kehrte sie nach Salzburg zurück, das allerdings aufgrund der Napoleonischen Kriege und des Verlusts der staatlichen Eigenständigkeit seine Bedeutung als Kultur- und Musikstadt verloren hatte.

Der billrothsche „Taubenschlag“ in St. Gilgen

Im Sommer 1880 reist Johannes Brahms erstmals nach Ischl und empfiehlt seinem Freund Theodor Billroth, der als Chirurg in Wien arbeitet, begeistert ebenfalls einen Aufenthalt im Salzkammergut.
Die Billroths reisen also nach St. Gilgen, weil dort die Preise noch etwas moderater sind als im kaiserlichen Ischl, und nehmen im Gasthof „Zur Post“ Quartier. In jenem Sommer steht das „Hödlgut“, zwischen St. Gilgen und Fürberg gelegen, zum Verkauf. Billroth überlegt nicht lange und kauft das Grundstück. Das alte Gut wird abgerissen und der vielseitig begabte Chirurg entwirft selbst die Pläne für eine Sommervilla.
Im Sommer 1885 kann die Familie Billroth das fertige Haus beziehen. Billroths Briefe nach Wien sprechen von absolut glücklichen Momenten am Wolfgangsee. Hier kann er sich seiner eigentlichen Liebe, der Musik, widmen, hat viel Zeit für seine drei Töchter und genießt den großen Garten. Zahlreiche

Gäste, darunter natürlich auch Johannes Brahms und dessen Freund, der Musikkritiker Eduard Hanslick, lassen in den folgenden Jahren die Villa zu einem „Taubenschlag" werden, wie Billroth selbst schreibt.

Der Bau der Salzkammergut-Lokalbahn, die unmittelbar am Haus der Billroths vorbeiführen soll, erfreut sogar mit einer Überraschung: Das Haus erhält eine eigene Haltestelle, die sogar offiziell den Namen „Billroth" trägt! Nach dem Tod Billroths und seiner Frau wird das Anwesen verkauft und abgerissen. Heute findet sich an dem Ort ein Hotel, das mit seinem Namen an den großen Chirurgen und Musikliebhaber Billroth erinnert.

Bilder linke Seite: Herbststimmung in Brunnwinkl
Bild oben: Die Stübleralm im letzten Sonnenlicht
Bild unten: Schwäne bevölkern alle Salzkammergutseen.

Bilder:
Der Advent nimmt im Salzkammergut besonderen Raum ein und wird mit zahlreichen stimmungsvollen Weihnachtsmärkten begangen –. hier in St. Gilgen.

Schloss Hüttenstein und Krottensee

Der kleine Krottensee, manchmal auch Krotensee genannt, liegt zwischen Wolfgang- und Mondsee und beeindruckt mit dem malerischen Ensemble, das der See mit dem an seinem Ufer gelegenen Schloss Hüttenstein bildet.
Bereits 1329 ließ Erzbischof Friedrich III. oberhalb der Scharflinghöhe die Burg Hüttenstein erbauen. Ab 1400 hatte hier ein Pflegegericht, das für die Orte St. Gilgen, Strobl sowie Fuschl am See zuständig war, seinen Sitz. 1565 wurde das Gebäude am See errichtet, von der vormaligen Burg sind heute nur mehr Reste erhalten. 1600 verlegte man das Pflegegericht nach St. Gilgen. 1843 wurde Schloss Hüttenstein durch einen Brand zum Teil zerstört und im selben Jahr im bis heute erhalten gebliebenen neugotischen Stil umgebaut.

Bild oben: Schloss Hüttenstein mit Schafberg
Bild unten: Auch der Krottensee leuchtet im Frühjahr so grün wie seine Umgebung.
Bild nächste Seite: Ein Sommermorgen in St. Gilgen

Postalm

Die auf 1.300 Höhenmetern liegende Postalm ist mit rund 42 Quadratkilometern nach der Seiseralm in Südtirol die zweitgrößte Hochalm Europas. Bis vor 300 Jahren war sie bewaldetes Gebiet, die Salinen des Salzkammerguts aber mussten befeuert werden und die umliegende waldreiche Gegend kam da gerade recht: Wie andere Gebiete auch wurde die Postalm abgeholzt. Die frei gewordenen Flächen nutzten die Bauern für ihr Vieh.
Ihren Namen erhielt die Alm vom „Hotel Post" in Ischl: Ab 1840 wurden die Pferde der Poststelle Ischl im Sommer auf die Hochweide getrieben. Als in den 1950er-Jahren die Almwirtschaft auf der Postalm zurückging, eröffneten sich mit dem Bau zweier Mautstraßen andere Einnahmequellen. Heute ist die Alm von Strobl im Norden sowie von Abtenau im Süden aus leicht erreichbar und zum beliebten Gebiet für Wanderer, Mountainbiker und Wintersportler geworden. Doch auch als Alm wird das Hochplateau noch genützt: Rund 2.000 Tiere weiden jedes Jahr auf den saftig grünen Wiesen der Postalm.

Bild oben: Novembernebel am Hohen Zinken
Bild unten: Kapelle auf der Postalm
Bild nächste Seite: Herbstmorgen beim Osterhorn

Fuschlsee

Für vom Westen Anreisende bildet die Region um den Fuschlsee das Tor zum Salzkammergut: Zur Region Fuschlsee gehören außer der unmittelbaren Umgebung des Sees die Orte Thalgau, Koppl, Hof bei Salzburg, Ebenau, Faistenau sowie Hintersee mit dem gleichnamigen idyllischen See.

Der Fuschlsee ist der einzige See des Salzkammerguts, der komplett im Bundesland Salzburg liegt. Der kleine, lang gestreckte See ist bis auf den Ort Fuschl und das Schloss Fuschl von Natur umgeben, am Nordufer von bewaldeten Bergflanken, die steil ins Wasser abfallen. Eine Besonderheit des Fuschlsees ist das attraktive Farbenspiel des Wassers. Der Salzkammergutreisende Heinrich Noë kam 1867 über die unendlich vielen Abstufungen des Fuschlsee-„Wassergrüns" ins Schwärmen: „Von der lichten Farbe, mit welcher sich die Buchenknospen in der Aprilsonne öffnen, bis zum sibirischen Malachit sind alle erdenkbaren Erscheinungsformen dieser Farbe zu sehen."

Sagen gibt es auch in diesem Teil des Salzkammerguts. Eine rankt sich um das so genannte Nixloch in der Drachenwand. Dort lebten Nixen, die abends stets auf dem Fuschlsee ruderten. Ein junger Jäger wollte diese Gelegenheit nützen, um ein Gewand der Nixen zu stehlen. Es gelang ihm auch und er wurde mit Gold und Silber, das die Nixen gehütet hatten, geradezu überschüttet. Gierig raffte er die Kostbarkeiten zusammen und schleppte sie heimwärts. Doch als er angekommen war, war der Schatz zu Staub verwandelt.

Um herauszufinden, ob die Nixen immer noch zum Rudern an den Fuschlsee kommen, könnte man sich zum Beispiel in Fuschl auf die Lauer legen. Der kleine Ort ist eine wohltuend ruhige Abwechslung zu anderen, bekannteren Plätzen im Salzkammergut. Neben Sportmöglichkeiten im Sommer und Winter bietet er sich als Ausgangspunkt für zahlreiche Ausflüge, nicht zuletzt auch nach Salzburg, an. Auch für Wanderungen ist Fuschl ein idealer Ausgangspunkt: Von hier erreicht man die Ruine Wartenfels, von der man auf den Schober gelangt. Dieser 1.328 Meter hohe Berg ist für den „Sieben-Seen-Blick" berühmt, den man von seinem Gipfel genießen kann.

Bild linke Seite: Abendlicher Blick über den Fuschlsee
Bilder rechts: Auch dieser See präsentiert sich in verschiedensten Farben.

Per Lokalbahn von Salzburg nach Bad Ischl

Heutzutage reist man per Auto oder Bus über eine breite Bundesstraße von Salzburg bis weit ins Salzkammergut – lange Zeit war die Anfahrt jedoch nicht so bequem und schnell. Eine große Erleichterung, nicht zuletzt für die Kurgäste, war ab 1893 die Eröffnung der einspurigen „Salzkammergut-Lokalbahn" (SKGLB), auch Ischlerbahn genannt. Sie verband die Stadt Salzburg über Thalgau mit dem Mondsee und dem Wolfgangsee; Bad Ischl war die Endstation (von hier war es wiederum über eine andere Bahnlinie möglich, die Westbahnstrecke zu erreichen). Die Salzkammergut-Lokalbahn war ein kleines technisches Meisterwerk, die Trassierung eine Herausforderung; Schmalspur und eine Höchstgeschwindigkeit von 30 Stundenkilometern waren der Kompromiss mit dem schwierigen Gelände. Mit der Bahn reiste übrigens hin und wieder auch Kaiser Franz Joseph – für ihn stand dann freilich ein bequemer Salonwagen zur Verfügung. Die Ischler Bahn erfreute sich bis weit ins 20. Jahrhundert hinein großer Beliebtheit, ab 1947 jedoch begann ihr Niedergang, die Autobusverbindung war rentabler, der Individualverkehr tat sein Übriges. 1957 wurde die Lokalbahn schließlich trotz zahlreicher Proteste eingestellt. Immer wieder gibt es Pläne zur Reaktivierung der Strecke, die bislang allerdings nicht realisiert wurden.

Fährt man die Straße weiter Richtung Hintersee, gelangt man nach Faistenau, einem beschaulichen Ort in reizvoller, waldreicher Gegend, der in den letzten Jahren immer mehr zum beliebten Ferienort wurde. Erstmals erwähnt wird Faistenau 1182 in einer Schenkungsurkunde Erzbischof Konrads III. Typisches Kennzeichen Faistenaus ist seine Kirche, ursprünglich eine spätgotische Saalkirche aus 1324, die im Barock verändert wurde. Bemerkenswert ist das Innere des sakralen Baus: Neben einem barocken Hochaltar von Josef Andrä Eisl finden sich vier Skulpturen (1702) vom Barockkünstler Meinrad Guggenbichler.

Bekannt ist Faistenau außerdem für die 1000-jährige Linde auf dem Dorfplatz. Besonders stimmungsvoll ist es hier abends, wenn die Linde von innen her beleuchtet wird. Alle drei Jahre wird der Baum Kulisse für die Aufführung der Mundartfassung des *„Jedermann"*.

Die Umgebung um Faistenau bietet zahlreiche Ausflugsziele: zum Beispiel die Nordseite des Zwölferhorns sowie die wildromantische Strubklamm, die man über den „Metzgersteig" erreicht. Im Sommer kann man im Hintersee sowie im Flussbad Almbach baden, im Winter bietet die Gegend in und um Faistenau nicht nur den Einheimischen reizvolle Sportmöglichkeiten.

Im nördlichen Teil der Region Fuschlsee findet sich schließlich der Ort Thalgau. Reste einer römischen Villa lassen darauf schließen, dass die Gegend bereits im zweiten Jahrhundert n. Chr. besiedelt war. Im frühen 8. Jahrhundert wurden der Ort und die Kirche erstmals urkundlich erwähnt; sie gehören damit zu den ältesten in Salzburg. Der Name „Talgov" selbst scheint 788 zum ersten Mal auf: Der bajuwarische Herzog Theodebert machte den kleinen Ort damals dem Hochstift Salzburg zum Geschenk.

Wie in Faistenau findet sich in der barocken Pfarrkirche St. Martin mit einem mächtigen Kruzifix (1700) ein Werk von Meinhard Guggenbichler. Am selben Ort standen bereits davor drei Kirchen, von der dritten ist noch der gotische Turm (1448–75) und ein gotisches Taufbecken erhalten. Weitere interessante Gebäude in Thalgau kann man auf dem historischen Rundweg „Via Talgova" erkunden.
In Thalgauegg, im Ortsteil Hundsmarkt, liegt die historische Hundsmarktmühle, in der sich unter dem Motto „Vom Korn zum Brot" ein Mühlenmuseum befindet. Die Mühle wurde 1570 erstmals als „Mühle am Gailnbach" erwähnt. In den 1990er-Jahren wurde sie von der Gemeinde gekauft und zum Museum umgestaltet. Hier können große und kleine Besucher die ursprüngliche Brotproduktion nachvollziehen und selbst Hand anlegen.

Bild linke Seite: Die Faistenauer Kirche wird im Abendlicht zum Schattenriss.
Bild oben: Bauernhaus in Ellmau bei Fuschl
Bild unten: Eine typische Fassade der Region Thalgau

Maibaumaufstellen

Traditionelles Maibaumaufstellen in Thalgauegg.

Schon in urgeschichtlicher Zeit war das Mondseeland besiedelt. Im 19. Jahrhundert entdeckte man unter Wasser die Reste jungsteinzeitlicher Siedlungen. Die Pfahlbauten, Werkzeuge aus Stein und Knochen, Keramik und Töpferware stammen aus der Zeit zwischen 2800 bis 1800 v. Chr., einer Periode, die in der Folge den Namen „Mondseekultur“ erhielt. Die wichtigsten Funde aus der Region sind heute im Österreichischen Pfahlbaumuseum in Mondsee zu besichtigen.
Auch in der Römerzeit gab es Siedlungen im Mondseeland. Einige Steine mit Inschriften und Reliefs aus jener Zeit sind bei der ehemaligen Stiftskirche in Mondsee zu sehen. Besonders bemerkenswert ist dabei die Darstellung eines Ehepaares, auf der die Frau noch die alte keltische Tracht mit der so genannten „Norischen Haube“ trägt.

Mondsee

Das heutige Schloss Mondsee befindet sich in den Gebäuden des einst ältesten Klosters Österreichs. Es wurde 748 vom bayerischen Herzog Uthilo gestiftet. Zu jener Zeit war das Mondseeland kaum besiedelt und überwiegend von Wald bedeckt, nach der römischen Zeit kann keine weitere Besiedelung nachgewiesen werden. Die Region hat daher erst mit dem Bau des Klosters wieder wirtschaftliche und religiöse Bedeutung erhalten. Gemeinsam mit der Gegend um das heutige St. Wolfgang gehörte Mondsee damals übrigens noch zu Bayern und kam erst 1506 zu Österreich.
Bedeutend wurde das Kloster schon bald durch seine Schreibschule. Bereits aus der Zeit vor 800 sind Bruchstücke von Evangelien erhalten, darunter der berühmte Tassilopsalter, nach seinem jetzigen

Bild oben: Eine der reich verzierten Mondseer Fassaden
Bild links: Eingangstor zum Schloss
Bild rechte Seite: Der Marktplatz in Mondsee

F. I.
BRÄU
Juwelenstiege

Vom „Mondseer Jedermann" und dem „Fidelen Bauern" - theaterreiches Mondseeland

Der jährliche Höhepunkt der Salzburger Festspiele hat ein Gegenstück am Mondsee: Seit 1922 wird jährlich der *„Mondseer Jedermann"* auf der Freilichtbühne im Ort aufgeführt, von Franz Löser zum Teil in Mundart übertragen und von Hugo von Hofmannsthal persönlich genehmigt. 1933 zeigte sich Max Reinhardt begeistert von der Mondseer Aufführung, er spricht von einem „glücklichen Theater". Gespielt wird von Laiendarstellern in regionaler Tracht auf der Freilichtbühne im Schlosspark.
Ihren Ursprung im Mondseeland hat die Operette *„Der fidele Bauer"* (1907). Im Roider Hansl, der in Oberwang zu Hause war, fand der böhmisch-österreichische Komponist Leo Fall einst das Vorbild für seine Figur. Noch heute kann man Roiders Haus besichtigen, es ist inzwischen ein beliebter Ausflugsgasthof geworden.

Aufbewahrungsort auch Psalter von Montpellier genannt. Es handelt sich dabei um das Gebetbuch Herzog Tassilos, des Sohnes von Uthilo. Ebenfalls hier entstanden sind um 825 die so genannten „Mondseer Fragmente", die die frühesten bekannten Bibel-Übersetzungen ins Althochdeutsche enthalten. Wichtige Dokumente der Mondseer Schreibschule und Buchmalerei werden heute in der Wiener Nationalbibliothek aufbewahrt.

Seine Blütezeit erlebte das Kloster zu Mondsee im 15. Jahrhundert. Abt Simon Reuchlin übernahm die von Melk ausgehende Reform. Fast alle Kirchen der Region sowie das Klostergebäude wurden erneuert und 1514 das Stiftsgymnasium gegründet, das bis zur Auflösung des Klosters bestehen sollte.
Nach der Krise des Klosters während der Reformation gelang es, die Gegenreformation schneller als in anderen Regionen Österreichs abzuschließen. Im Barock wurde die Fassade der Mondseer Stiftskirche errichtet sowie die die Kirchen bis heute prägende Innengestaltung in Auftrag gegeben.
Im Anschluss an die Reformen Kaiser Josephs II. wurde das Kloster, das bereits 1774 bei einem Brand schwer beschädigt worden war, im Jahr 1791 durch Kaiser Leopold II. aufgelöst. Das Gebäude wird seither als Schloss bezeichnet. Bei den Friedensverhandlungen 1809 fielen die Gebäude an Napoleon, der sie dem bayerischen Feldmarschall Karl Philipp Fürst Wrede als Dank für dessen militärische Verdienste vermachte. Wrede hatte jedoch keine männlichen Nachkommen; so ging das Schloss an die aus Portugal stammende, später nach Brasilien ausgewanderte Familie Almeida, in die Wredes Tochter Helena eingeheiratet hatte.

Bild linke Seite oben: Bei Pichl am See
Bild linke Seite Mitte: Vom Schafberg ist die Sichelform des Mondsees gut erkennbar.
Bild linke Seite unten: Blick auf Seewinkl

Bild oben: Gewitterstimmung bei Loibichl
Bild unten: Micheline Almeida blickt für ewig über ihren geliebten See.

Micheline Almeida und die legendäre Castello Bar

Die letzte private Besitzerin von Schloss und See war Micheline Almeida, immer noch „Gräfin" genannt. Für Stammgäste der Castello Bar, die sie im Schloss eingerichtet hatte, war sie allerdings „die Mich". Die Bar wird von Fans als der mondänste Ort, den Österreich nach dem Zweiten Weltkrieg zu bieten hatte, beschrieben, Gräfin Almeida betrieb sie voller Esprit und wusste illustre Gäste nach Mondsee zu locken. In Mondsee ist man jedenfalls stolz auf die letzte Gräfin, deren Statue auf den geliebten See blickt.

Das Freilichtmuseum „Mondseer Rauchhaus" ist das Bauerngehöft „Unterer Bischofer", das aus dem 15. Jahrhundert stammt. Es wurde 1959 beim Autobahnbau abgetragen und am heutigen Standplatz, etwas über dem Ort Mondsee, wieder aufgebaut. Ein Besuch lohnt sich schon allein wegen des reizvollen Blicks auf den Ort, doch das Freilichtmuseum bietet vor allem einen Einblick in ursprüngliche Lebensformen im Mondseeland.
Beim Rauchhaus, das neben zahlreichen Nebengebäuden wie dem Zuhaus („Noarimhäusl"), dem Dörrhaus („Dörrbadl") oder dem Getreidekasten („Troadkastn") den Mittelpunkt des Museums bildet, handelt es sich um das letzte Beispiel dieser ursprünglichen Hausform im Mondseeland. Noch vor dem Zweiten Weltkrieg zählte man 106 solcher Rauchhäuser in der Region, sehr schnell hat diese Wohnform aber den modernen Ansprüchen nicht mehr genügt.

Das „Mondseer Rauchhaus" ist ein so genannter Einhof oder Einhaus, was bedeutet, dass sich Wohnbereich und Wirtschaftstrakt (Stall und Stadel) unter einem Dach befinden. Das besondere Merkmal eines „Rauchhauses" jedoch ist, dass das Haus keinen Kamin besitzt, sondern der Rauch der Feuerstellen durch das ganze Haus und die Fugen im Einschindeldach abzieht. Dabei wurde das Getreide getrocknet, das sich im Rauchboden („Rauh") über dem Wohnraum befand. Über den geschützten Feuerstellen im Haus hing das Fleisch zum Selchen, das Feuer diente außerdem zum Erwärmen der Kachelöfen in Stube und Stübel, in denen die Bauernfamilie sowie die Altbauern wohnten. Wer an kalten Tagen zu Beginn und am Ende der Saison, wenn geheizt wird, das Gebäude besucht, kann heute noch den Rauch riechen, der sich in den vergangenen Jahrhunderten im rußgeschwärzten Mauerwerk festgesetzt hat.

Die Pfarrkirche St. Michael in Mondsee

Die Geschichte der Kirche ist naturgemäß eng mit jener des Klosters in Mondsee verbunden. Bereits in vorromanischer und romanischer Zeit stand hier eine Kirche, der bis heute erhaltene gotische Bau wurde 1487 errichtet. Das dreischiffige spätgotische Netzrippengewölbe ist erhalten, ebenso das Sakristeiportal von 1488 sowie einige Tafelbilder des Flügelaltars von Michael Pacher.

Für den heutigen Betrachter sind die barocken Elemente der Kirche auffälliger: Bereits 1626 errichtete Hans Waldburger den bis zu 18 Meter hohen frühbarocken Hauptaltar, sieben weitere hochbarocke Altäre wurden von Meinrad Guggenbichler, dem „Meister von Mondsee", angefertigt. Im St. Wolfgang-Altar links der von ihm gestalteten Kanzel hat Guggenbichler übrigens auch die Region verewigt: Im Hintergrund des Altarblatts erkennt man den Schafberg. Ebenfalls im 17. Jahrhundert wurden in die vorderen Seitenschiffe barocke Gewölbe eingezogen.

Zu den 1000-Jahr-Feiern des Klosters ließ Abt Bernhard Lidl, der vorletzte Abt von Mondsee, zusätzlich vier Altäre von Franz Anton Koch errichten, sowie dem gotischen Bau die prächtige barocke Doppelturmfassade voranstellen. Die Türme der Fassade sind heute imposante 52 Meter hoch. Bei ihrer Errichtung im Jahr 1730 waren sie sogar noch um 20 Meter höher; diese ursprüngliche Variante sowie das Kirchendach wurden jedoch 1774 durch einen Brand zerstört. Danach errichtete man das bis heute erhaltene Mansardendach, ein weiteres markantes Erkennungsmerkmal des Gotteshauses. Dabei wurden auch einige der alten Fenster im 70 Meter langen Kirchenschiff zugemauert. Dadurch wirkt heute das Innere der Kirche eher düster.

Bilder linke Seite: Das karge Leben ist auch heute noch in der Stube des Mondseer Rauchhauses spürbar.
Bilder rechts: Das Hauptschiff der Pfarrkirche St. Michael
Bild nächste Seite: Herbstlicher Blick auf die Drachenwand

Kolomanskirche

Knapp unterhalb des 1.114 Meter hohen Gipfels des Kolomanbergs liegt die Kolomanskirche. Diese Wallfahrtskirche ist seit über 500 Jahren Ziel von Pilgern und Prozessionen. Sie wurde dem heiligen Koloman geweiht, der der Legende nach die unweit der Kirche gelegene Heilquelle erweckt haben soll. Belegt ist der Kolomansbrunnen seit 1462, wo er erstmals urkundlich erwähnt wird. An der Quelle befand sich zuerst nur eine Kreuzsäule, 1511 wird das erste Mal von einer Kapelle berichtet.
Die Urkunden sprechen von einer im Jahr 1658 erneuerten Kapelle, 1742 ließ der damalige Abt des Klosters Mondsee die bis heute erhaltene Holzkirche etwas oberhalb der Quelle errichten. Der hübsche Barockaltar der Kirche stammt noch aus der ursprünglichen Kapelle.

Die Kolomanskirche ist die älteste Holzkirche Österreichs. Der acht Mal zehn Meter große Bau besteht aus zusammengefügten Baumstämmen, die außen mit Schindeln verkleidet wurden. Innen ist die Kirche weiß getüncht. Nicht erhalten geblieben sind die zahlreichen Opfergaben, die früher an den Wänden der Kirche hingen: hölzerne Hände, Füße oder Lungen. Darstellungen aus dem 19. und 20. Jahrhundert zieren nun das Innere der Kirche – dies scheint mehr den Erwartungen der Wanderer zu entsprechen, die die Kirche auf ihrem Weg besuchen.

Bild oben: In der Kolomanskirche
Bild rechte Seite: Lichtspiele am Irrsee

Fischfang

In einer so stark vom Wasser dominierten Region wie dem Salzkammergut kommt dem Fischfang naturgemäß ein hoher Stellenwert zu. Die Seen der Region gelten als besonders fischreich, neben Forellen gedeihen hier vor allem Saibling und Reinanke sowie Zander, Hecht, Karpfen und Aal. Das relativ kühle, besonders saubere Wasser lässt die Fische langsam wachsen und ihr Fleisch fest und kernig werden – ausgezeichnete Voraussetzungen also für besonders schmackhaften Fisch. Das

wissen auch viele Gäste, die im Urlaub selbst in den zahlreichen Seen oder Flüssen angeln wollen. Der Traunabschnitt bei Gmunden gilt zum Beispiel als beliebtes Revier für Fliegenfischer und hat schon viele Berühmtheiten angezogen: Könige von England und Belgien waren ebenso hier wie Präsident Eisenhower und Charles Ritz, ehemaliger Besitzer des berühmten Hotels in Paris und „König der Fliegenfischer". Aus der Traun fischt man vor allem Forellen, die zwei bis drei Kilo und mehr erreichen können.

Die Fangmethode der einheimischen Seefischer hat sich seit prähistorischer Zeit nur wenig verändert, wenn man auch heute statt mit dem Einbaum mit der Plätte – dem regionstypischen flachbödigen Holzboot – auf den See hinausfährt. Damals wie heute werden die Fische mit Netzen gefangen, die abends in 20 bis 40 Metern Tiefe ausgelegt und am Morgen wieder eingeholt werden. Pro Netz können so 80 bis 200 Fische aus dem See geholt werden. Dabei wird gewissenhaft darauf geachtet, dass jedes Jahr nicht mehr Tiere abgefischt werden als

Bild linke Seite oben: Fischen in der Traun ist ein beliebter Sport – hier bei Steeg am Hallstätter See.
Bild linke Seite unten: Morgennebel am Irrsee
Bild oben: Attersee-Saiblinge sind kleiner als ihre Artgenossen in den anderen Salzkammergutseen.
Bild rechts: Das Entleeren der Netze ist eine mühevolle Arbeit.
Bild nächste Seite: Am frühen Morgen werden die Netze eingeholt – hier bei Unterach am Attersee.

durch natürliche Vermehrung nachwachsen, um das ökologische Gleichgewicht des Sees nicht zu gefährden. Entsprechend werden unter der Marke „Wildfang Naturfisch" seit einiger Zeit auch Fische aus Salzkammergutseen österreichweit vertrieben, wodurch nicht zuletzt auch die Existenz der wenigen verbliebenen Berufsfischer gesichert wird.

Rund 30 Prozent der Fische werden von den Fischern selbst geräuchert, gebeizt oder als Steckerlfisch angeboten. Zum Räuchern wird ausschließlich Buchenholz aus dem Inneren Salzkammergut verwendet, das Salz stammt natürlich ebenfalls aus der Region. Klassische Beilagen zum geräucherten Fisch sind frisch geriebener Kren, Brot und Wein.

Bilder diese Seite: Eine besondere Köstlichkeit:
Fische noch warm aus dem Räucherofen
Bild rechte Seite oben: Fischerhaus am Irrsee
Bild rechte Seite unten links: Beim Gasthof Loser in Altaussee
Bild rechte Seite unten rechts: Stolz präsentieren die Fischer ihre Trophäen – hier beim Zauner Seewirt in Hallstatt.

17

man von Weißenbach nach Unterach über, ein neuer Ort für die Sommerfrische war gefunden. Seewalchen am nördlichen Ufer war und ist von Linz aus gut zu erreichen.
Während in Bad Ischl sowie der Gegend um den Traunsee der Hof und sein Gefolge residierte, etablierte sich am Attersee das städtische Bürgertum. Hier gab es Platz genug, um eigene Villen und Landhäuser zu errichten. Und so gab es ab 1870 einen wahren Bauboom rund um den See, die zahlreichen heute noch erhaltenen Villen erinnern an diese Errichtung einer bürgerlichen Welt inmitten der Natur. Durch die rege Bautätigkeit verdoppelte sich binnen weniger Jahre die Anzahl der Häuser in Seewalchen, Unterach und Steinbach. Es wurde versucht, urbane Elemente mit ländlichen (bzw. dem, was man als ländlich betrachtete) zu vereinen. Die vorhandene bäuerliche Architektur wurde dabei allerdings nicht berücksichtigt. Im Gegenteil: Die Villen dienten der Repräsentation, sie wollten bewusst Distanz zu ihrer Umgebung schaffen. Das wurde unter anderem auch in ihrer Ausrichtung zum See deutlich, konträr zu vielen Bauernhäusern, deren Wohnhaus auf die wetterabgewandte Seite ausgerichtet war. Für die Einheimischen bedeutete der See vor allem Nebel und Feuchtigkeit und war bestenfalls ein Wirtschaftsfaktor von vielen.
Die neue Sommerfrische am Attersee zog schon bald Künstlerpersönlichkeiten an. Gustav Mahler komponierte hier, Gustav Klimts Motive der Region haben weltweite Berühmtheit erlangt, am „Berghof" oberhalb von Unterach entstand eine Künstlerkolonie. Heute kann man auf dem Klimt-Themenweg rund um den See die Malplätze des Künstlers kennenlernen und seine Motivwahl nachvollziehen. Nikolaus Harnoncourt, Heinrich Schiff, Franz Welser-Möst und viele andere leben oder verbringen ihre Sommer hier.

Bilder und Bilder rechte Seite: Seeimpressionen

WASSERSPORT-ZENTRUM
ATTERSEE
Anton Stader / mobil: 0043 (0) 664 300 27 01

Attersee Ort und Nußdorf

Dichte Besiedlung seit Tausenden von Jahren ist durch jungsteinzeitliche Pfahlbaufunde auch für den Ort Attersee und den Buchberg, der sich hinter Attersee erhebt, bezeugt. Das heutige Ortsbild prägen vor allem die beiden Kirchtürme – der barocke Zwiebelturm des katholischen Gotteshauses am Kirchberg und der spitze neogotische der etwas tiefer gelegenen evangelischen Kirche.
Im Mittelalter war der heutige Kirchberg in Attersee Sitz eines Königshofs, der als „Atarnhova" 885 erstmals urkundlich erwähnt wurde. Die Burg wurde mehrmals von fränkischen Königen aufgesucht, im Laufe der Zeit ausgebaut und war im Hochmittelalter das weltliche Zentrum des Attergaus. Im Spätmittelalter verfiel die Burg in Attersee. Einzig die gotische Burgkapelle wurde zur Pfarr- und Wallfahrtskirche Maria Himmelfahrt und der Berg zum „Kirchberg" umbenannt. Das Gnadenbild „Maria in der Sonne" zog ab 1652 viele Pilger an, drei geschnitzte Statuetten vom Barockkünstler Meinrad Guggenbichler machen die Kirche für Kunstliebende besonders interessant. Das Gebäude der evangelischen Kirche aus dem 15. Jahrhundert war ursprünglich ein katholisches Gotteshaus, das 1813 an die Protestanten verkauft wurde. Neben der Kirche steht das „Fromingerhaus", das älteste Holzhaus Attersees.
Auf der Fassade der ehemaligen Brauerei Hager, dem heutigen Haus Landungsplatz Nr. 2, findet sich die „Oberösterreichische Bauernhochzeit", ein Fresko des Malers Arthur Brusenbauch, eines Mitglieds der Wiener Secession. Er hatte sein

Bild oben: Evangelische und katholische Kirche in Attersee
Bild links: Gotisches Schnitzrelief „Anbetung der Könige" in der Pfarrkirche Maria Himmelfahrt
Bilder rechte Seite:
links oben: In Attersee – Die „Bauernhochzeit" von A. Brusenbauch
rechts oben: In Nußdorf
unten: Sommerlicher Frühdunst über dem See
Bild nächste Seite: Bei Gewitterstimmung besonders schön – die alten Badehäuser in Attersee

Bild oben: „Fromingerhaus“ und evangelischer Kirche in Attersee
Bild unten: Blick auf Attersee
Bild rechte Seite: Sommermorgen am Bauernhof

Sommerquartier in Abtsdorf am Attersee, wo er 1957 auch verstarb. Der „Morganhof“ in Attersee ist ein weiteres Beispiel für die Bautätigkeit des Bürgertums in dieser Region. 1883 hat der damals erst 23 Jahre alte Wiener Schriftsteller und Verlagsredakteur Caillo Belolawek de Morgan das „Gut zum Moos“ erworben und mit Elementen des so genannten Schweizer Stils versehen, seit 1870 die bevorzugte Bauart für Landhäuser und Villen in ländlicher Umgebung. De Morgan hatte große Pläne für sein Anwesen, die sich jedoch nicht erfüllen ließen; kurze Zeit später musste er wieder verkaufen. Aus neuerer Zeit erwähnenswert ist die markante „Villa Orleans“ der Familie Kottulinsky-Rohan, die heute als Pension geführt wird.
Im etwas südlich von Attersee gelegenen Nußdorf ist an der „Villa Hein“ eine besonders schöne Sgrafittofassade zu bewundern. In einem weitläufigen Park mit exotischen Pflanzen steht die 1873 erbaute „Ransonnet-Villa“. Der Bauherr war Eugen Freiherr von Ransonnet-Villez, ein weitgereister Marineoffizier der k.u.k. Armee, der 1886 mit der Gründung des legendären „Union Yacht Club Attersee“ Pionierarbeit zur touristischen Erschließung des Sees leistete. In Nußdorf erinnert heute ein Themenweg an den berühmten Bewohner, vor allem aber lebt sein Andenken im heutigen Ruf Attersees als Segelsportzentrum

Unterach

Der Ortsname Unterach leitet sich vom bajuwarischen „*Untraha*" ab, was so viel wie „Zwischenwasser" bedeutet und sich auf die Lage des Ortes zwischen Mond- und Attersee bezieht. Hier mündet die Seeache, vom Mondsee kommend, in den Attersee, hier verband in der ersten Hälfte des 20. Jahrhunderts eine Lokalbahn den Schiffsverkehr der beiden Seen. Der Ort – in einer weiten Bucht gelegen – wird umrahmt vom beeindruckenden Panorama des Höllengebirges und der Ausläufer des Schafberges. Unterach selbst bietet mildes, für das Salzkammergut fast ungewöhnliches Klima. Hier gedeihen sogar Edelkastanien und Wein, der von einem idealistischen Burgenländer mit Erfolg angebaut wird. Früher wurde der Ort oft „Klein-Venedig" genannt, wegen der vielen Plätten, die hier im Wasser schaukelten, und der Bootshäuser, die den Eindruck einer kleinen Stadt im Wasser vermitteln.

Unterach, einer der ersten Orte am Attersee, in die Mitte des 19. Jahrhunderts Gäste zur Sommerfrische kamen, wurde bald zu einem Treffpunkt für Persönlichkeiten aus Kunst und Wissenschaft, deren Spuren man noch heute im ganzen Ort auf Schritt und Tritt begegnet. Im „Berghof" hat sich eine richtige Künstlerkolonie entwickelt. Heute ist der Hof in Besitz von Elisabeth Auersperg, die im Sommer Musikveranstaltungen organisiert.
Die von zahlreichen prachtvollen Villen gesäumte Uferstraße ist der berühmten tschechischen

Operndiva Maria Jeritza gewidmet: Jeritza war seit ihrem ersten Besuch von der Gegend begeistert, 1925 zog sie mit ihrem Ehemann in eine eigene Villa an der Uferstraße. Bald wurde ihr das Haus zu klein, sie zog in eine nahe gelegene größere Villa und lud jeden Sommer nicht nur ihre Familie und zahlreiche Freunde, sondern auch die gesamte Dorfjugend zum „Sommerfest" ein. Maria Jeritza wurde noch zu Lebzeiten Ehrenbürgerin Unterachs.
Viktor Kaplan, dem Erfinder der Turbine, ist ein Denkmal gewidmet. Der Maschinenbauingenieur und Universitätsprofessor verbrachte seine letzten Lebensjahre in Unterach. Sein Mausoleum befindet sich auf seinem einstigen Landsitz „Rochuspoint" unweit des Ortes. 2003 wurde in Unterach außerdem die weltweit erste Gustav-Klimt-Büste aufgestellt: Sie erinnert an die Ansichten des Ortes, die er unter Zuhilfenahme eines Fernrohrs von Weißenbach aus malte. Auch die Komponisten Johannes Brahms und Hugo Wolf waren gerne in Unterach zu Gast.

Die in der Jeritzastraße gelegene „Villa Polese", 1892 für die Wiener Familien Baum und Polese errichtet, entspricht einem neuen Stil, der versucht, lokale bäuerliche Traditionen aufzunehmen und dabei trotzdem repräsentativ zu bleiben. Zu den typischen Merkmalen dafür zählen die beeindruckenden Laubsägearbeiten. Die Villa befindet sich auch heute noch im Besitz der Familie; einen Besuch lohnt nicht nur das bekannte Keramikatelier der Besitzerin, sondern auch der kleine, aber wunderschöne mediterrane Garten.
Fährt man von Unterach Richtung Süden am Ufer des Attersees entlang, so gelangt man zum Ausgangspunkt für eine Wanderung in die wildromantische Burggrabenklamm, an deren Ende ein spektakulärer, 18 Meter hoher Wasserfall wartet.
Auf der östlichen Seite des Sees liegt Weißenbach, eben jener Ort, an dem die ersten Sommerfrischler aus Bad Ischl am Attersee ankamen. Einige von ihnen haben sich auch hier niedergelassen, eine Handvoll Bauten zeugt davon, wie zum Beispiel der

Bild linke Seite oben: Tagesanbruch bei Burgau
Bild linke Seite Mitte: Badevergnügen in Unterach
Bild linke Seite unten: „Klein-Venedig" – die Bootshäuser von Unterach
Bild unten links: Boothaus der „Villa Polese"
Bild unten rechts: Klimt in Unterach

„Elisenhof" oder die Turmvilla „Villa Capriée", die auch heute noch nahezu im Originalzustand erhalten ist. Auch eine der eindrucksvollsten Villenanlagen des Salzkammerguts befindet sich hier: Der Berliner Textilkaufmann und Verleger Adolf Sliwinski beauftragte 1912 den Architekten John Herbert Rosenthal mit der Gestaltung der „Villa Sliwinski". Ihre zentrale Oval-Halle, um die alle Räume angeordnet sind, ermöglicht optimale See- und Gebirgsblicke.
Gustav Klimt verbrachte seine letzten Sommer 1914 bis 1916 in Weißenbach. Hier im Forsthaus und fand er die Ruhe, die er benötigte. Von Weißenbach aus entstanden die bekannten Bilder von Unterach, auf das er über den See blickte.

Steinbach

Der idyllische Ort Steinbach wird auch „Bergsteigerdorf" genannt, denn wenngleich er selbst auf sanft zum See abfallenden Wiesen liegt, ragen hinter ihm steil die Felsen des Höllengebirges auf. Kletterer und Bergsteiger beginnen deshalb gerne von hier ihre Touren.
Bekannt ist das Dorf als Ferienort Gustav Mahlers, der hier von 1893 bis 1896 seine Sommer verbrachte. Der damalige Hamburger Operndirektor Mahler suchte über die Vermittlung seiner Schwester Justine und seiner Seelenfreundin Natalie Bauer-Lechner einen ruhigen Ort, um dort ohne Ablenkung zu arbeiten. Fündig wurden die Emissärinnen in Steinbach am Attersee, wo sie im Namen des Komponisten eine ganze Etage im Gasthaus „Zum Höllengebirge" mieteten. Man reiste Mitte Juni an und der Künstler schien zufrieden: An den Vormittagen arbeitete er, an den Nachmittagen genoss er die Umgebung mit seiner Reisebegleitung.

Bilder linke Seite: Flüssiges Gold oder Silber – je nach Tageszeit ändert der See seinen Glanz.
Bild oben: „Villa Polese"in Unterach
Bild unten: Detail der „Villa Polese"

Bilder nächste Doppelseite:
Bilder linke Seite: Wenn der Nebel sich auflöst
Rechte Seite oben: Der Lauf der Jahreszeiten – von den Eisblumen zur Apfelblüte
Rechte Seite unten: Blick vom Buchberg

Attergau

Der Attergau umfasst die Region nordwestlich des Attersees und liegt im Hausruckviertel, einem der vier historischen Viertel Oberösterreichs. Es ist ein weites Becken, um das sich Kron-, Kogel-, und Buchberg erheben und in dessen Mitte der Markt St. Georgen liegt.

Zwischen 500 und 550 erreichten die Baiern das Gebiet und rodeten weite Teile. Die Endung „-walchen“ verweist auf die romanisierte Bevölkerung, die so genannten „Walchen“, auf die die Baiern trafen. Auch der Name „Attergau“, der erstmals um 790 auftaucht, geht auf diese Zeit zurück. Wie bei vielen bairischen Namen für Provinzen („Gaue“) ist

auch der Name „Attergau" auf ein Gewässer zurückzuführen – natürlich den Attersee.
Als Kaiser Heinrich II. im Jahr 1007 das Bistum Bamberg gründete, schenkte er Bischof Eberhard den Attergau, der damals die Herrschaften Attersee/Kogl, Kammer und Frankenburg umfasste. 1380 gelangte der Attergau in den Besitz der Habsburger. 1848 wurde die Grundherrschaft aufgelöst und politische Gemeinden sowie Bezirke gegründet. Der Attergau wurde durch diese Neuordnung kleiner, einige Waldgebiete haben allerdings ihre ursprüngliche Bezeichnung behalten: In Weyregg und Steinbach werden die Forste auch heute noch als „Attergauwälder" bezeichnet.
Der Attergau ist eine der jüngsten Regionen des Salzkammerguts – seit 2002 zählt er offiziell zur Tourismusregion, davor lag seine wirtschaftliche Bedeutung, wie auch die Region um den Attersee, vor allem in seiner Funktion als Holzlieferant für die Sudpfannen. Heute ist der Attergau auch für sein kulturelles Leben international bekannt – der Attergauer Kultursommer lockt jedes Jahr im Sommer viele Gäste an. In den letzten Jahren hat die Region mit spektakulären archäologischen Funden auf sich aufmerksam gemacht: In einigen Wäldern haben sich zahlreiche Hügelgräber erhalten, die auf eine hallstattzeitliche Besiedlung deuten, teilweise aber sogar bis in die Bronzezeit zurückdatiert werden können.

Bild linke Seite oben: Blick vom Lichtenberg zum Dachstein
Bild linke Seite unten: Winterliche Ausfahrt bei St. Georgen
Bilder: Der Verwanghof in Wildenhag

St. Georgen

Um 790 wurde Attergaudorf gegründet, das später, mit der Errichtung einer dem heiligen Georg geweihten Kirche, in St. Georgen im Attergau umbenannt wurde. 1264 wurde der Ort zum Gerichtssitz, woran noch heute die tausendjährige Linde erinnert, und 1463 zum Markt erhoben.

In der örtlichen Pfarrkirche befinden sich eine Kanzel sowie eine Kreuzgruppe aus der Werkstatt Meinrad Guggenbichlers. Der Turm der Kirche wurde zuerst als Wehrturm errichtet, das Kirchenschiff erst später angebaut.

Eine touristische Attraktion in St. Georgen ist der Keltenbaumweg, ein Erlebnisweg, der das Leben der Kelten in der Eisenzeit sowie Natur-Themen zu Bäumen und Landschaft präsentiert. Man beginnt die Wanderung an der tausendjährigen Linde im Ort, wird zu einigen mächtigen, alten Bäumen geführt, kann seinen Lebensbaum finden und erfährt auf spielerische Weise mehr über die Lebensweise der Kelten.

Etwas außerhalb von St. Georgen befindet sich eine Kalvarienberg-Anlage, deren Stationen 1859 bis 1869 errichtet wurden. Dafür wurden Elemente von der 1861 abgerissenen St. Andrä-Kirche in Salzburg verwendet, wie das Steinportal und der Kreuzaltar mit Statuen von Moses und Aaron. Der grüne Hügel lädt zu einem Spaziergang ein, neben den Stationen des Kreuzwegs lohnt auch der herrliche Rundblick einen Besuch.

Bild linke Seite oben: Attergau mit St. Georgen vom Kronberg aus gesehen
Bilder linke Seite unten: Pfarrkirche in St. Georgen
Bild rechts: Nebelstimmung im Kronberger Wald
Bild unten: Der Kalvarienberg

Schloss Kogl

Um 1264 verlegte Bischof Berthold von Bamberg den Verwaltungssitz aus wehrtechnischen Gründen auf den Koglberg, den Hausberg der St. Georgener. Die neue Burg hieß zuerst „Neuattersee", bald aber „Kogl". Die Feste hatte viele Besitzer, sie wurde häufig verpfändet: So zum Beispiel 1309 an die Schaunberger, 1379 an Albrecht II. von Österreich oder, bis 1411, an die Wallseer. Kaiser Rudolf II. verkaufte Burg Kogl schließlich 1570 an Hans Freiherr von Khevenhüller, seinen Botschafter in Madrid. Die Khevenhüllers verließen Mitte des 18. Jahrhunderts die wohl schon etwas baufällig gewordene Burg und errichteten ein neues Schloss am Fuße des Koglbergs. Das alte Gebäude verfiel, heute sind nur mehr einige Mauerreste davon übrig. 1810 verkaufte Graf Josef Khevenhüller das Anwesen an den Wiener Hofadvokaten Dr. Andreas Pausinger; 1872 wurde das Schloss schließlich an den Freiherrn Franz Mayr-Melnhof verkauft, der es 1884 seiner Tochter Theodora anlässlich ihrer Heirat mit Graf Adalbert von Kottulinsky schenkte. 1911/12 wurde das Schloss renoviert und erhielt sein heutiges Aussehen. Schloss Kogl blieb im Besitz der Familie Mayr-Melnhof und heute können seine Re-

präsentationsräume sowie der Park für festliche Anlässe gemietet werden.
Das Schloss ist als hufeisenförmige Anlage errichtet, um die sich ein weitläufiger Park erstreckt. Prachtvoll ist auch das Innere des Schlosses. Franz von Pausinger schuf die fünf großen Jagdbilder, die im Speisesaal von Kogl hängen. Das Stiegenhaus und die Galerie sind hingegen mit Fresken der beiden Maler Josef Anton Engelhart und Eduard Komlóssy prunkvoll gestaltet. Sie zeigen Szenen aus Stücken von Ferdinand Raimund.

Bild linke Seite oben: Einladend öffnet sich das Tor zum malerischen Schloss Kogl.
Bild linke Seite unten: Winterliche Schlossallee
Bild oben: Alte Schlossküche
Bild unten: Das Speisezimmer mit den Jagdbildern von Pausinger
Bild nächste Seite: Hauptstiege mit Fresken von Komlóssy und Engelhart

Straß, Kronberg, Berg und Weißenkirchen

Der Ort Straß im Attergau war bereits zur Zeit der Römer besiedelt, damals hieß er „Strata". Im Gemeindegebiet liegt der Kronberg, auf dem zahlreiche, für die Gegend typische Haufenhöfe liegen. Wohnhaus, Stallungen und Wirtschaftsgebäude sind nicht wie etwa beim Einhof oder dem Vierkanter miteinander verbunden, sondern als einzelne, in Gruppen beieinander stehende Gebäude errichtet. Viele dieser Gebäude weisen die für die Gegend typischen hohen Satteldächer auf.

Der Buchberg erhebt sich zwischen dem Ort Attersee und der Gemeinde Berg im Attergau. Von dem etwas über 800 Meter hohen Berg hat man einen schönen Ausblick über den Attergau. Bereits in prähistorischer Zeit wurde dieser strategisch günstige Platz von den Bewohnern der Region genützt: 1974 entdeckte man bei archäologischen

Bild linke Seite oben: Gartenansicht von Schloss Kogl
Bild linke Seite Mitte: Die so genannte Salle basse
Bild linke Seite unten:
Detail aus dem Fresko *„Alpenkönig und Menschenfeind"*
Bild oben: Letzte Sonne im Schlosspark
Bild unten: Schloss Kogl – Detail aus dem Innenhof

Ausgrabungen am Buchberg die Umrisse einer 400 Meter langen Ringwallanlage. Eine mögliche Erklärung dafür ist, dass die Bewohner der Pfahlbauten um 1500 v. Chr. ihre Siedlungen am See aufgaben und auf den Berg zogen. Die Ringwallanlage wurde allerdings erst später befestigt. Wenngleich nur wenige Fundstücke sichergestellt werden konnten, so geht man doch davon aus, dass der Buchberg über lange Zeit hinweg bewohnt war. Einige freigelegte Mauern und Türme stammen aus den ersten Jahrhunderten nach Christus.

Die Gemeinde Weißenkirchen im Attergau hieß ursprünglich St. Margarethen am Walde. Erst im 15. Jahrhundert scheint der heute übliche Name auf, was darauf hinweist, dass eine frühere Holzkirche durch einen Steinbau ersetzt wurde. Auf der barocken Kanzel der heutigen Pfarrkirche finden sich interessante Darstellungen mit starken Bezügen zur Region: Das Bild eines Sämannes in der alten bäuerlichen regionalen Tracht sowie die Erscheinung des auferstandenen Jesus mit den Jüngern in einer Landschaft, die jener des Attergaus entspricht.

Als mit der Gegenreformation das Wallfahrtswesen einen neuen Aufschwung erhielt, wurde auch Weißenkirchen zum Ziel der Pilger. Man pilgerte zum heiligen Leonhard, dem zweiten Kirchenpatron neben Margaretha. Auch der „Leonhardi-Ritt" entstand zu jener Zeit, wurde im Zuge des Wallfahrtsverbots Josephs II. verboten und erst 1924 wieder aufgenommen. Er findet jedes Jahr um den Patronatstag am 6. November statt. Nach einem Festgottesdienst zieht ein Zug von Gespannen und Reitern durch den Ort. Die Pferde werden gesegnet, anschließend findet der Ritt um die Kirche statt. Mit diversen traditionellen Reitspielen wie dem „Kranzlstechen" oder dem „Fasslschlagen" endet der Tag.
1716 wurde die Glashütte Freudenthal von Reichsgraf Franz Ferdinand Khevenhüller im Sprenzltal bei Weißenkirchen errichtet. Hier wurde eine breite Palette an Glasprodukten erzeugt, die in den Ländern der Donaumonarchie vertrieben wurden. Nach dem Ende des Zweiten Weltkriegs wurde die Produktion eingestellt. Heute befindet sich ein Glasmuseum in Weißenkirchen, in dem man unter anderem Produkte der Glashütte Freudenthal besichtigen kann. 2005 wurde ein Themenweg eröffnet, der vom Museum ausgehend inmitten schöner Natur nach Freudenthal führt.

Bild linke Seite unten: Am Kronberg
Bild oben: Beim Keltenbaumweg
Bild unten: Weißenkirchen nach dem Regen

Tracht und Handwerk im Salzkammergut

Wohl in keiner Region Österreichs sieht man heute noch so viele Menschen, die Tracht auch in ihrem Alltag, als ganz selbstverständlichen Teil ihrer Garderobe, tragen, wie im Salzkammergut. Die Tracht ist nach wie vor Teil des täglichen Lebens, egal ob jung oder alt, ob traditionellere oder modischere Versionen – Dirndl und Lederhose, Janker und Hut werden nicht nur zu festlichen Anlässen angelegt. Dabei war die Beliebtheit der Tracht zur Mitte des 19. Jahrhunderts an einem Tiefpunkt angelangt: Mit der Revolution 1848 kleidete sich auch die Landbevölkerung zunehmend nach der städtischen Mode, Lederhose und Dirndl wurden zurückgedrängt. Es ist auf die Initiative aristokratischer Kreise zurückzuführen, dass die Tracht auch diese Zeit überlebt hat. Die Habsburger waren an der Pflege der Kleidungstraditionen interessiert, besonders Erzherzog Johann lag die Tracht am Herzen. Er selbst kleidete sich gern in einem trachtenartigen Stil, aus dem sich später der Steireranzug entwickelte. Seine Liebe zur Tracht gab er an seinen Neffen, den späteren Kaiser Franz Joseph I., schon in jungen Jahren weiter. Dieser trug besonders gern die graugrüne steirische Jägertracht und wurde damit zum Vorbild, einerseits für aristokratische Jagd- und Sommergäste im Salzkammergut, andererseits für höhere Bürger und Beamte auch in der Residenzstadt Wien. Die Tracht wurde von den

neuen, städtischen Trägern zwar weiterentwickelt und adaptiert, ihr Tragen brachte aber auch Achtung gegenüber dem ländlichen Volk zum Ausdruck. Dabei schwang naturgemäß auch die Sehnsucht nach dem Einfachen und Natürlichen mit, die der bürgerlichen Romantisierung des Landlebens im 19. Jahrhundert entsprach.

Das Tragen der Tracht war bei den Sommerfrischlern auch zu Beginn des 20. Jahrhunderts noch beliebt; Konrad Mautner, Spross einer Wiener Industriellenfamilie und Volkskundler aus Leidenschaft, war einer der überzeugtesten Bewahrer dieser Tradition. In den 1930er-Jahren jedoch wurde die traditionelle Bekleidung im Rahmen der Nazi-Propaganda unter völlig andere Vorzeichen gestellt. Sie wurde, analog zu Begriffen wie Heimat und Tradition, instrumentalisiert, jüdischen Mitbürgern das Tragen von Tracht verboten. Das Image der Tracht hat unter diesem Missbrauch noch lange gelitten, ebenso wie ihre volkskundliche Pflege, die zum Teil ebenfalls in jener Zeit ihre Anfänge nahm und entsprechend von propagandistischen Intentionen geprägt war.

Heute hat der aufgeklärte und bewusste Umgang mit der jahrhundertealten Tradition der Tracht zu einem Aufschwung von Dirndl und Lederhose geführt. Selbst in der Haute Couture haben Trachtenelemente und -materialien Einzug gehalten. Im Salzkammergut hingegen kann man immer noch

Bild linke Seite:
Bestickte Ausseer Weste mit Bindl von Greul in Bad Aussee
Bilder:
In der Dirndlschneiderei Raich in Bad Aussee

traditionelle Versionen der Tracht sehen. Das Dirndlgewand ist dabei die klassische Bekleidung für Damen. Es besteht üblicherweise aus einem engen Oberteil, einem hoch an der Taille angesetzten Rock sowie einer Schürze. Darunter trägt man eine weiße Dirndlbluse, dazu ein handbedrucktes Tuch und traditionellen Schmuck. Die Materialien variieren je nach Anlass, neben den klassischen Leinen- gibt es auch Baumwolldirndln. Im Salzkammergut gibt es zahlreiche Dirndlschneidereien, in denen sowohl traditionelle als auch moderne Modelle maßgeschneidert werden. Auch die entsprechende Kopfbedeckung darf nicht fehlen: Zu festlichen Anlässen tragen Bürgerinnen die prachtvollen, paillettenbestickten Goldhauben mit eingewebten Gold- und Silberfäden. Die Bäuerinnen hingegen erkennt man an ihren schwarzen Kopftüchern.
Die Lederhose aus dem Salzkammergut hat mit prominenten Trägern wie Klaus Maria Brandauer oder Hannes Androsch ebenfalls eine Renaissance erlebt. Man lässt sie sich am besten maßschneidern, die Säcklermeister des Salzkammerguts erzeugen Lederhosen höchster Qualität aus feinstem gegerbtem Wildleder. Traditionelle Lederhosen sind

Bild oben: Goldhaube der Hallstätter Bürgerinnen
Bild links: Historische Ausseer Trachten
Bild unten: Alte Lederhose

verziert, im Salzkammergut traditionellerweise grün bestickt oder mit Federkielstickereien aus Pfauenfedern dekoriert.

Ein unverzichtbares Material für das Trachtgewand ist Loden, gewalkte Schafwolle, aus dem zum Beispiel Trachtenjanker, Handschuhe oder Strümpfe hergestellt werden. Gerade der Trachtenjanker ist wieder sehr beliebt – der Grund dafür liegt einerseits in den vielen positiven Eigenschaften des Loden, die nahezu denen moderner Microfaser-Materialien entsprechen, andererseits in seiner breiten Palette an Farben und Qualitäten.

Tracht und Handwerk gehen Hand in Hand. Die einzelnen Elemente der Tracht bedürfen der Kenntnisse und Fertigkeiten ganz besonderer Spezialisten, die im Salzkammergut immer noch zu finden sind: Handdrucker, Hutmacher, Schuster, Hirschhornschnitzer, Federkielsticker.

Bild oben: Lange Wartezeit für eine Lederhose von Raich
Bild unten: Trachtenschneiderei Anna und Gexi Tostmann – allen, die Tracht schätzen, ein Begriff

Traditionsreicher Handdruck

Mit dem Handdruck hat sich im Ausseerland eine in Österreich einzigartige Handwerkskunst erhalten. Dass Seidentücherl, „Bindl" (Halstuch) und Schürzen, aber auch Tischtücher, Vorhänge und Deckerl nach wie vor in aufwändiger Handarbeit bedruckt werden, ist nicht zuletzt den Bemühungen des Wiener Volkskundlers Konrad Mautner und seiner Frau Anna zu verdanken. Sie hatten sich zu Beginn des 20. Jahrhunderts in ihren Bestrebungen, Brauchtum und Traditionen des Ausseerlandes zu erhalten, auch mit den für Trachten verwendeten Stoffen auseinandergesetzt. Nach dem Tod ihres Mannes gründete Anna Mautner noch in den 1920er-Jahren in Grundlsee die erste Handdruckerei des Ausseerlandes. Schon bald wurden ihre Drucke in exklusiven Kreisen bekannt und geschätzt, sie machte sich auch bei den Besuchern der Salzburger Festspiele einen Namen. Bei der internationalen Stoffausstellung Ende der Dreißigerjahre in Paris erhielt Anna Mautner die Silbermedaille für ihre handbedruckten Stoffe. Während des Zweiten Weltkriegs musste sie emigrieren, arbeitete in den USA unermüdlich weiter an neuen Modeln und Farben für den Handdruck und kehrte bereits 1946 nach Grundlsee zurück. Der Betrieb hatte in der Nachkriegszeit mit großen wirtschaftlichen Problemen zu kämpfen. 1956 musste er schließen, wurde 1960 aber von einer engagierten ehemaligen Mitarbeiterin Anna Mautners weitergeführt. Heute gibt es nur noch wenige Druckereien im Ausseerland, die das Handwerk mit umso größerer Hingabe in erstklassiger Qualität ausführen.

Der Handdruck ist ein mit großem Aufwand verbundenes Verfahren, für das bis zu 28 einzelne Arbeitsgänge notwendig sind. Für das Bedrucken von acht Metern Seide benötigt man oft einen ganzen Tag. Sowohl Farbe als auch Muster werden in Handarbeit auf den Stoff aufgebracht. Dazu wird zuerst die weiße Seide aufgespannt, dann beginnt die Arbeit mit den Modeln. Der Model, der rein aus Hartholz geschnitzt oder mit Messingstiften versehen ist, wird vor jedem Druck in das Farbkissen eingetaucht und dann auf den Stoff aufgesetzt. Danach werden mit glatten Modeln noch die Farben aufgedruckt. Die nunmehr völlig steife Seide muss einige Entwicklungs- und Fixiervorgänge durchlaufen, wiederholt getrocknet, gebügelt, gezupft oder von Hand rolliert werden, bevor sie als Seidentücherl oder Bindl die Tracht der Trägerinnen und Träger ziert.

Bild linke Seite oben: Einer der vielen Arbeitsschritte beim Handdruck, hier in der Handdruckerei Sekyra
Bild linke Seite unten: Musterstreifen
Bild rechts: Farbenspiel in der Handdruckerei
Bild unten: Druckmodeln

Hutmacherei – Handwerk seit über 470 Jahren

Im Ausseerland hat sich mit der Hutmacherei eines der wohl ältesten Handwerke in ganz Europa erhalten. Beim „Leithner" zum Beispiel setzt man nach wie vor auf Tradition und stellt Hüte wie bereits zu Zeiten Kaiser Karls V. her. So ist der „Ausseer Hut" längst zu einem Markenzeichen geworden, zahlreiche berühmte Persönlichkeiten auf der ganzen Welt haben sich schon ihren Hut im Ausseerland bestellt.

Die Hutmacherei ist ein aufwändiges Gewerbe: Die aus Kaninchenhaarfilz, Wildhasenhaar oder Schafwoll-Loden bestehenden „Stumpen" werden als Rohlinge angeliefert. Nun müssen sie zuerst imprägniert und gefärbt werden, bevor sie in einem Dampfkessel auf etwa 100 Grad erhitzt werden, damit sie weich und formbar sind. Erst dann kommen die Formen zum Einsatz, von denen beim „Leithner" über 900 verschiedene, aus Lindenholz gefertigte, zur Auswahl stehen. Darunter finden sich auch Modelle für historische Hüte wie den Anna-Plochl- oder den Erzherzog-Johann-Hut. Die bearbeiteten Hutrohlinge werden auf die Holzformen gestülpt, getrocknet und schließlich noch in der Näherei in ihre endgültige Form gebracht. Dazu gehört auch das Einfassen oder Umbügeln des Krempenrandes sowie das Anbringen verschiedener Accessoires wie Bänder oder Kordeln.

Typisch für das Ausseerland sind die schwarzen, aus Kaninchenhaarfilz gefertigten Hüte mit dem breiten grünen Band, die den Herren vorbehalten sind. In seinem Artikel zur Ausseer Tracht hält der Volkskundler Konrad Mautner 1910 allerdings fest, dass es bei den Frauen eine Zeitlang in Mode gekommen sei, ebenfalls Hüte zu tragen. Erleichtert berichtet er: „Dies setzte sich aber nicht durch und das schöne schwarze Kopftuch blieb glücklicherweise erhalten."

Bild oben: Ausseer Hüte
Bild Mitte: Hutformen in der Hutmacherei Leithner in Bad Aussee
Bild unten: In der Näherei
Bild rechte Seite: Jagdhut mit „Bruch"

Zwiegenähte Qualität seit über 100 Jahren – die „Goiserer"

Am Anfang des berühmten Bergschuhs stand nach der Überlieferung ein Unfall – im späten 19. Jahrhundert fiel der Schuster, Jäger, Bergführer und Skipionier Franz Neubacher in eine Doline, aus der er sich mit seinen steifen Schuhwerk ohne genügend Profil nur mit Mühe retten konnte. Damit ihm so etwas nicht noch einmal passieren konnte, entwickelte er gemeinsam mit seinem Gesellen Rudolf Steflitsch den mit Einstich- und Aufdoppelnaht zwiegenähten und deshalb wesentlich biegsameren „Goiserer", dem er außerdem mit handgeschmiedeten Eisennägeln und Beschlägen ein griffiges Profil verpasste.

Der neue Bergschuh wurde schnell über die Grenzen seiner Heimat bekannt, in Ischl erfuhren bald die Kurgäste von der Erfindung. Schließlich sprach sich die Neuheit bis zum Kaiser Franz Joseph I. durch, der sich alsbald selbst ein Paar anmessen ließ und fortan nur noch damit auf die Pirsch ging. Die imperiale Jagdgesellschaft Bad Ischls folgte dem majestätischen Vorbild, auch dem Wiener Hofstaat blieb die besondere Qualität der Goiserer nicht verborgen. Die große Nachfrage führte zu einer Blütezeit der Schuhmanufaktur in Goisern, im Ort gab es zu den besten Zeiten bis zu zwanzig Schusterbetriebe.

Erst die industrielle Schuhproduktion verdrängte die teureren „Goiserer", mit ihnen verschwanden auch die Nagelschmiede. Heute ist nur mehr einer der Schuster übrig – der „Steflitsch-Hackl", mittlerweile in dritter Generation im Gewerbe tätig. Beim „Steflitsch-Hackl" wird die ursprüngliche Tradition bewahrt: Immer noch werden Schuhe in Maß-

anfertigung hergestellt, nur wenig hat sich dabei geändert, wenngleich die Produktion eine große Vielfalt erreicht hat. Neben den traditionellen Bergschuhen werden solche für die moderne Tracht sowie klassische Modelle angefertigt. Die „Zwiegenähten" werden individuell angemessen, die Fußform wird im Maßbuch festgehalten, davon später der Leisten hergestellt, den der Schuster für weitere Bestellungen jahrzehntelang archiviert. Schnitt, Sohle und Leder des Schuhs bestimmt der Auftraggeber. Dann heißt es warten – bis zu einem Jahr Produktionszeit muss man in Kauf nehmen.
Das Kundenregister des Schusters liest sich wie ein *„Who is Who"* historischer und gegenwärtiger Prominenz: Nach Franz Joseph I. ließ sich auch seine Frau Elisabeth ein Paar anpassen – noch immer bewahrt Rudolf Steflitsch-Hackl das zarte Leistenpaar auf. Heute geben Adelige, Industrielle und Künstler in der kleinen Werkstätte ihre Schuhe in Auftrag, aber auch viele, die einfach qualitätvolle Handarbeit mit Tradition schätzen.

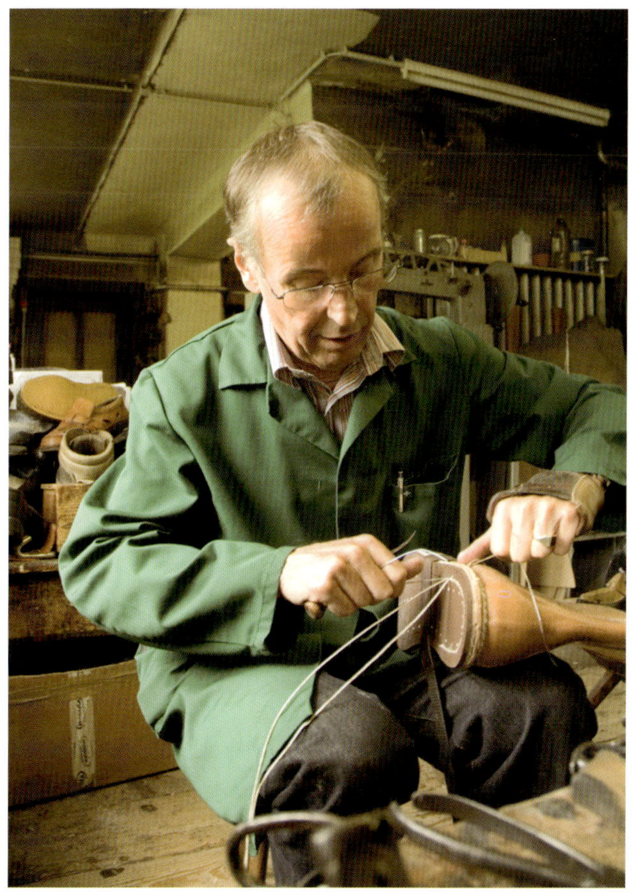

Bilder: In der Werkstatt „Steflitsch-Hackl", einzig verbliebener Erzeuger der berühmten Goiserer.
Bild linke Seite oben: Auslieferung!
Bild linke Seite unten: Auf vielen Leisten stehen berühmte Namen.

Almtal

Als „Tal der Vögel" haben die Forschungen des Nobelpreisträgers Konrad Lorenz das Almtal bekannt gemacht. 20 Kilometer lang folgt das Tal durch wechselnde Landschaften dem Lauf der Alm, dem Fluss, der der Region seinen Namen gibt. Felder und sanfte Hügel prägen zu Beginn die Landschaft; nach Grünau werden die Wälder immer dichter, bis man schließlich an den am Talende gelegenen Almsee gelangt, einen der landschaftlich reizvollsten und vom Massentourismus noch unentdeckt gebliebenen Plätze des Salzkammerguts. Hier bietet sich eine großartige Aussicht auf die imposanten Gipfel des Toten Gebirges. Das Gebiet hat im Sommer wie im Winter seine Reize – z.B. als Ausgangspunkt für zahlreiche Wanderungen und anspruchsvolle Touren ins Tote Gebirge, auf den Großen Priel oder den Gipfel des Kasbergs mit prächtigem Rundblick. Letzterer ist auch im Winter ein lohnendes Ziel: Hier bietet ein kleines, aber feines Skigebiet Anfängern wie Könnern eine Fülle an Möglichkeiten. Geprägt wird die Region vom Wasser – von der Alm, vom Grünalmbach und nicht zuletzt von ihren Seen, die zu den reinsten und klarsten des Salzkammerguts zählen.

Grünau ist der Hauptort des Almtals und die flächenmäßig größte Gemeinde Oberösterreichs. Die Gemeinde, die 1160 unter dem Namen „Gruona" erstmals urkundlich erwähnt wurde, hat sich ihren dörflichen Charakter bewahrt. Ihren Besuchern bietet sie einige Sehenswürdigkeiten, so etwa den Jakobsbrunnen aus dem 17. Jahrhundert. Oder die Jakobuskirche, die, 1695–1709 erbaut, einen barocken Hochaltar beherbergt, der ursprünglich im Jahr 1512 für die Stiftskirche Kremsmünster errichtet wurde. Erst 1712 wurde er in die Grünauer Kirche eingepasst, wobei er allerdings etwas verkleinert werden musste. Dass der Altar gerade aus Kremsmünster stammt, ist übrigens kein Zufall: Noch heute sind weite Teile des Almtals in Stiftsbesitz. Auch das Seehaus am südlichen Ende des Almsees wurde 1652 als Wirtschaftshof des Stifts Kremsmünster erbaut. Heute beherbergt es einen Gasthof mit Fremdenzimmern.

Die Welfen im Almtal

Die Prinzen von Hannover, Nachkommen König Georgs III. von Großbritannien, besitzen nicht nur einiges Land im Almtal, sondern auch das Jagdschloss Auerbach, wo sie sich regelmäßig aufhalten. Doch wie kam die Familie zu diesem Besitz?
König Georg V. von Hannover, aus dem Geschlecht der Welfen stammend, stand im Krieg 1866 gegen Preußen auf der Seite Österreichs. Als die österreichischen Heere bei Königgrätz die entscheidende Schlacht verloren, gewährte Kaiser Franz Joseph I. dem König und seiner Familie Asyl. Sie ließen sich unter anderem in Gmunden und im Almtal nieder. Die Familie ist auch Eigentümer des Cumberland-Wildparks, dessen Name von dem an Georg V. verliehenen Adelstitel „Herzog von Cumberland und Teviotdale" stammt. Es war auch die „Herzog von Cumberland-Stiftung", die Konrad Lorenz Land für die Erforschung der Graugänse zur Verfügung stellte.

Almsee

„Hier hält die Stille" – was Adalbert Stifter vor über 150 Jahren über den Almsee geschrieben hat, trifft immer noch zu. Sein kristallklares Wasser, vor allem aber die Kulisse rund um den See: Er liegt am Fuße des Toten Gebirges, um ihn herum erheben sich beeindruckende Berggipfel. Hier entspringt auch die Alm, der Fluss, der dem Almtal seinen Namen gibt, in den weiter nördlich der Grünaubach fließt und der schließlich wie so viele Flüsse und Seen des Salzkammerguts in die Traun mündet.

Bild linke Seite:
Bei Vorchdorf – Blick Richtung Almtal und Traunstein
Bild oben: Klar, rauschend, lebendig, sprudelnd – das Wasser des Salzkammerguts

Bekannt ist der mitten im Landschaftsschutzgebiet gelegene Almsee für verschiedene Besonderheiten: So gilt er als besonders fischreich, zeichnet sich aber auch durch kaltes Wasser aus. Im Winter friert er oft komplett zu und ist daher zum Eislaufen und Eisstockschießen sehr beliebt. Bis vor einigen Jahren gab es eine runde, schwimmende Insel im See. Sie trieb, mit Bäumen bewachsen, im Wasser, sitzt nun aber am Ufer fest. Am Westufer des Almsees findet sich das so genannte „Echoplatzl", an dem man unbedingt selbst das Echo ausprobieren sollte. Im Sommer veranstalten die Bläser des Musikvereins Grünau dort jede Woche das berühmte „Echoblasen". Die Zuhörer kommen nicht nur in den Genuss der musikalischen Darbietung, sondern hören auch deutlich das Echo über den See klingen. Zum jährlichen Grünauer Bläserfest finden sich Gruppen aus ganz Österreich ein, um beim so genannten „Weisenblasen" am Ufer des Almsees ihr Können unter Beweis zu stellen.
Bei Spaziergängen um den See trifft man mitunter auf berühmte Tiere: Hier schnattern Graugänse – ja, genau: die berühmten des Verhaltensforschers Konrad Lorenz.

Bild linke Seite: Spätwinter am Almsee
Bild unten: Romantische Kulisse – Großer Ödsee am Fuße des Toten Gebirges

Konrad Lorenz und die Graugänse

Bekannt wurde das Almtal dank der Graugänse, die der Nobelpreisträger Konrad Lorenz 1973 hier angesiedelt hatte. Lorenz hatte ab den 1950er-Jahren in Westfalen eine Schar von Gänsen aufgezogen, die ihm als Untersuchungsobjekte zur vergleichenden Verhaltensforschung dienten. Berühmt wurde Lorenz vor allem durch die Entdeckung der so genannten „Nachlaufprägung“ bei Gänseküken: Die kleinen Gänse folgen dem ersten Lebewesen oder gar Objekt, das sie nach dem Schlüpfen zu sehen bekommen – in der Regel ihrer Mutter – überallhin. Lorenz nützte dieses angeborene Verhalten, um die Gänschen auf sich zu prägen und als „Graugansvater“ ihr Verhalten aus nächster Nähe zu studieren. Als 70-Jähriger wollte der mittlerweile emeritierte und mit dem Nobelpreis ausgezeichnete Biologe nach Österreich zurückkehren. Im Almtal bekam er Land zur Verfügung gestellt, wo er die Forschung an seinen Graugänsen weiterverfolgen konnte. Nun mussten die Tiere nur noch von Seewiesen bei München, wo sich Lorenz' damalige Forschungsstation befand, ins Salzkammergut übersiedelt werden. Doch das war gar nicht so einfach: Die Gänse versuchten immer wieder nach Bayern zurückzukehren, die Forscher hatten alle Hände voll zu tun, die Vögel davon abzuhalten. Schließlich gewöhnten sie sich aber an ihre neue Heimat. Die Gänsekolonie, die heute im Almtal zu Hause ist, stammt von jener damals angesiedelten ab. Die „Forschungsstelle Konrad Lorenz“ untersucht derzeit nicht nur das Verhalten der Graugänse, sondern auch andere Tiere: So die hochintelligenten Raben, die vom Aussterben bedrohten Waldrappen – eine Ibisart, die in Mitteleuropa wieder heimisch gemacht werden soll –, Dohlen und seit kurzem sogar Wölfe: Vier Timberwölfe leben seit Mai 2008 im Almtal.

Bild linke Seite: Mächtig erhebt sich der Große Priel.
Bild oben: Wie zwei Smaragde liegen die Ödseen im Tal.

Großer und Kleiner Ödsee

Folgt man nicht dem Lauf der Alm zum gleichnamigen See, sondern biegt zuvor links ab, erreicht man auf einer kurvenreichen Straße, die landschaftlich wunderschöne Blicke bietet, das „Almtaler Haus". Das Haus ist Bergsteigern als Ausgangspunkt für hochalpine Touren in das Tote Gebirge bekannt. Ein Stück davor, versteckt im Wald, liegen die beiden Ödseen. Durch die günstige Lage sind beide Seen von sehr hoher Wasserqualität, besonders in der warmen Jahreszeit sind sie smaragdgrün und sehr klar. Sie zählen zu den saubersten und landschaftlich am schönsten gelegenen Seen der Region. Wie der Almsee ist auch der Große Ödsee ein fischreiches Gewässer. Im Sommer sind beide Ödseen als Badeseen beliebt.

Bad Wimsbach-Neydharting

Eigentlich handelt es sich hier um zwei Orte: Wimsbach, ursprünglich ein Markt mit seit jeher regem Handwerk und einem in seinen Fundamenten mittelalterlichen Schloss, und Bad Neydharting, ein Heilmoorbad mit einer bis auf die Römer zurückgehenden Tradition. Seit den 1950er-Jahren nennt sich die Marktgemeinde „Bad Wimsbach-Neydharting", eine Namensänderung, die auf den Kurort mit seinem Heil- und Moorbad aufmerksam machen soll. Auch Bad Wimsbach-Neydharting liegt an der Alm, allerdings ein Stück weiter nördlich als Grünau. Die Auen, die sich um den Fluss gebildet haben, machen diese wald- und wasserreiche Gegend ebenfalls zum Naturschutzgebiet.

Die Wurzeln des Marktes Wimsbach reichen bis in die Römerzeit zurück. Dies bezeugen die Mauerreste der so genannten „Villa Rustica", eines römischen Landhauses, das einst Teil einer größeren Siedlung gewesen sein muss. Wimsbach konnte seinen bäuerlichen Charakter weitgehend erhalten und man hat es verstanden, Traditionen bewusst zu bewahren. So findet jährlich eine „Mostkost" statt, bei der eine fachkundige Jury den Most der umliegenden Betriebe probiert. Das Tragen von Trachten, die hier noch einen hohen Stellenwert besitzen, sowie Veranstaltungen wie der Georgi-Ritt, der jedes Jahr um Georgi (23. April) stattfindet, gehören ebenfalls zum kulturellen Erbe der Region.

Stolz sind die Wimsbacher auch auf die historische Hammerschmiede, die, seit 1604 genutzt, bis in die 1970er-Jahre in Betrieb war. Hier haben es einige Generationen von Hammerschmieden zu Ruhm und Reichtum gebracht, wenngleich das Gewerbe bereits im 19. Jahrhundert an Bedeutung verlor. Der örtliche Kulturverein hat den endgültigen Untergang der Schmiede jedoch verhindert und sie rechtzeitig erworben. So bleibt die so genannte Hackenschmiede, eine der ältesten funktionstüchtigen Hammerschmieden, als lebendiges Museum der Nachwelt bis heute erhalten.

Bekannt ist Wimsbach jedoch vor allem für sein Schloss und die zu ihm führende Kastanienallee. Schloss Wimsbach ist ein barockes Wohnschloss, das auf den Ruinen der niedergebrannten mittelalterlichen Burg errichtet wurde. Bei Ausgrabungen konnte man noch Teile des alten Gebäudes sicherstellen. Auffallend ist, dass das Dach immer noch komplett mit Holzschindeln gedeckt ist. Einzigartig in der Gegend ist die markante Kastanienallee – eine der längsten Alleen der Welt: Die Bäume wurden gepflanzt, weil die Bewohnerinnen des Schlosses im Schatten zum nahen Wald spazieren wollten. Das Schloss befindet sich heute in Privatbesitz und ist daher nur nach Vereinbarung zugänglich.
Auch in Bad Neydharting stand einst ein Wasserschloss, wenngleich heute nur mehr ein Rest des Turmes und ein gotischer Türbogen daran erinnern. 1813 war das Schloss Quartier für Napoleons Soldaten.
Bad Neydharting wird als Moorbad 1364 n. Chr. das erste Mal urkundlich erwähnt. Gestützt auf Funde aus der Kelten- und Römerzeit geht man jedoch davon aus, dass die Region bereits in frühgeschichtlicher Zeit besiedelt war und wohl auch schon damals als Heilbad genutzt wurde. Eine historische Reisekarte aus dem frühen 16. Jahrhundert bestätigt, dass sogar der Naturforscher und Arzt Theophrastus Paracelsus in Bad Neydharting weilte.
Die Region bietet einen einzigartigen Schatz für die Naturmedizin: das überaus seltene Flachmoor. Da das Moor nie ausgetrocknet ist, sind darin Kräuter und Heilpflanzen seit bis zu 30.000 Jahren im Wasser und damit unter Luftabschluss konserviert geblieben. Dies erklärt die besondere Wirksamkeit des Moors.
Eine weitere Besonderheit von Bad Wimsbach-Neydharting sind die zahlreichen Kapellen, Wegkreuze und Marterln, die sich in der Gegend um die Orte finden.

Bild linke Seite: Ein schattiger Spazierweg führt zum Schloss.
Bilder rechts: Stimmungen nahe Bad Wimsbach-Neydharting

Tradition und Brauchtum im Salzkammergut

Viele Traditionen und Bräuche haben sich im Salzkammergut noch in ihrer ursprünglichen Form erhalten und sind wichtiger Bestandteil des ländlichen Jahreslaufs. Am 5. Jänner wird im Gebiet um den Traunsee, aber auch in Ischl die letzte der Raunächte mit dem „Glöcklerlauf" auf eine besondere Weise gefeiert. Mit ihren hell erleuchteten, riesigen Kappen und Kuhglocken vertreiben die Glöckler böse Geister und die Stille langer Winternächte. Der Glöcklerlauf entstand bereits vor 1870 in Ebensee. Die Glöckler laufen gemeinsam durch den Ort und vollführen dabei „Passen", mystische Figuren, Kreise, Spiralen und Achter. Die traditionellen Glöcklerkappen sind wahre Kunstwerke aus mit buntem Papier beklebten Holzrahmen, bemalt mit Motiven aus dem Salzkammergut, von innen mit Kerzen hell erleuchtet.

Um den Dreikönigstag wandern auch die Heiligen Drei Könige – die Sternsinger – von Haus zu Haus. Die Kinder, die diese Aufgabe übernehmen, singen bei ihren Besuchen, erbitten Geldspenden, die Hilfsprojekten der katholischen Kirche zugute kommen und das besuchte Haus wird geweiht. Als sichtbares Zeichen schreiben die Sternsinger die Buchstaben „C+M+B" – *Christus mansionem benedicat* (Christus segne dieses Haus) – sowie die Jahreszahl auf den Türstock.

Der Fasching wird im Salzkammergut in vielen lokalen Varianten gefeiert. Besonders eigentümliche Bräuche haben sich mit dem „Fetzenfasching" in Ebensee und den „Flinserln", „Pless" und

„Trommelweibern" in Bad Aussee erhalten. Hier haben sich einst die Salinenarbeiter bei der Faschingsrevolte sogar das Recht auf den arbeitsfreien Faschingdienstag erkämpft. Im Ausseerland beginnt das bunte Treiben am Faschingssonntag und dauert drei „heilige Fåschingståg" lang, während derer die Straßen von „Maschkeras", maskierten Gestalten, bevölkert sind. Die Hauptfiguren sind „Pless", „Trommelweiber" und „Flinserl", wobei die „Pless" symbolisch für den Winter stehen. Die Burschen haben Weidenkörbe über den Kopf gestülpt und jagen die Kinder mit auf Stöcken befestigten nassen Lappen. Die Kinder wiederum versuchen, die „Pless" aus dem Ort zu vertreiben.
Am Faschingsmontag und Faschingsdienstag ziehen die „Trommelweiber" mit ihren großen Grenadier-

Bild linke Seite unten: Sternsinger in Aichereben am Attersee
Alle anderen Bilder: Am Abend des 5. Jänner erleuchten nur die Glöcklerkappen Ebensee.

trommeln mit viel Lärm durch die Gegend. Unter den weißen Nachthemden mit Schlafhauben und den Frauenmasken stecken in Bad Aussee ausschließlich Männer, die sich zuvor einer harten – und hochprozentigen – Aufnahmeprüfung unterziehen mussten. Diese Tradition geht wohl auf frühere Männerbünde zurück, auf der Fahne der Trommelweiber ist das Jahr 1767 vermerkt – es handelt sich bei diesem Umzug also um einen sehr alten Brauch. Ebenfalls auf der Fahne hängen die ringförmigen „Beigln“. Dieses Gebäck, auch „Beugl“ genannt, ist bereits seit über 500 Jahren als Fastengebäck bekannt. Es stammt vom jüdischen Brauchtumsgebäck *„bejgl“* ab, dem es auch in der Form ähnelt.
„Trommelweiber“ gibt es auch am Grundlsee, sowie in Altaussee, wo wirklich Frauen unter den Kostümen stecken.

Bild oben: Ein Vergnügen für die Kinder: Die Zuckerl von den Angeln der „Fischer“ zu schnappen.
Bild Mitte: Nur in Altaussee sind die „Trommelweiber“ wirklich Frauen.
Bild links unten: „Trommelweiber“ in Bad Aussee
Bild rechts unten: Das Aufbinden der Beigln
Bild rechte Seite: Farbenprächtige und poetische Flinserl

Am Nachmittag des Faschingsdienstag gibt es dann den schönsten Teil des Ausseer Faschings. Die „Flinserlmusik" führt den Zug der „Flinserl" an – in mit tausenden Pailletten bestickte, farbenfrohe Kleider gehüllte Gestalten. Die „Flinserl" haben sich aus den „Fleckerln", die seit dem 15. Jahrhundert in Obersdorf nachweisbar sind, entwickelt. Sie stellen ein kleines „Rügegericht" dar, sagen Sprüche über Mitbürgerinnen und Mitbürger auf und halten diesen damit einen Spiegel vor. Die Kinder sagen „Flinserlsprüche" auf, als Belohnung werfen die „Flinserlmandln" und -„weibln" Nüsse und Orangen in die Menge. Wenn sich große Kinder dabei vordrängen, werden sie mit auf Stielen befestigten, aufgeblasenen Schweinsblasen zurückgehalten.

Vogelfang

Der Singvogelfang hat im Salzkammergut eine lange Tradition – erstmals urkundlich erwähnt wurde der Brauch in einer Instruktion von Kaiser Rudolf II. aus dem Jahre 1579. In dem Dokument erklärte er den Vogelfang für legal und gestattete ihn auch auf kaiserlichen Besitzungen, zu denen das Salzkammergut zählte. Trotz regelmäßiger Proteste der Tierschützer konnte sich dieser Brauch bis heute erhalten. Im Gegensatz zu ähnlichen Traditionen in südlichen Ländern werden die Vögel nicht als Delikatesse gefangen, sondern hellen als Stubenvögel lange Winterabende mit ihrem fröhlichen Gesang auf. Bis auf die Lockvögel, die jedes Jahr wieder eingesetzt werden, werden die Tiere im Frühjahr wieder freigelassen.

Der Fang selbst ist streng reglementiert. Nur zwischen 15. September und Ende November dürfen die Vogelfänger ihre Netzfallen auslegen. Davor haben sie freilich bereits den ganzen Sommer lang die Futterplätze von Gimpel, Zeisig, Stieglitz und Kreuzschnabel ausgekundschaftet. Zur Fangzeit müssen die Vogelfänger bereits um drei Uhr früh mit ihren Lockvögeln oben am Berg sein. Diese werden entsprechend positioniert, die vogelfreundlichen Fallen – die Tiere sollen schließlich unversehrt gefangen werden – aufgestellt. Dann beginnt das lange Warten. Ist schließlich ein schönes Männchen gefangen, beginnt der Fänger mit dem Tier zu arbeiten und es an die Nähe des Menschen zu gewöhnen, um es bei der Vereinsausstellung gut zu präsentieren. Die Ausstellungen finden jährlich am Sonntag vor Kathrein (dem Namenstag der heiligen Katharina am 25. November) in heimischen Gasthäusern statt, die Sieger fahren am ersten Adventsonntag zur regionalen, salzkammergutweiten Ausstellung, bei der die schönsten Vögel prämiert werden.

Bilder linke Seite außen: Die „Zacherl" halten die großen Kinder im Zaum und die Musik führt den Zug an.
Bild linke Seite innen: Im Ausseer Fasching wird Tradition sehr ernst genommen.
Bilder unten: Vogelfänger gibt es in Bad Goisern in jeder Generation.

Schützen

Im Salzkammergut gibt es zahlreiche Schützengesellschaften, deren Wurzeln zum Teil bis ins 16. Jahrhundert zurückreichen. Das Schützenwesen hat sich nicht aus der Jagd entwickelt, sondern diente schon in seinen Anfängen als Zeitvertreib und zum geselligen Beisammensein. Noch immer hat es einen großen Stellenwert, bei Festzügen präsentieren sich stets auch lokale Schützengesellschaften.
Die Prangerschützen dürfen bei vielen traditionellen Anlässen im Salzkammergut nicht fehlen. Vom „Glöcklerlauf" übers Eisstockschießen, vom Maibaumaufstellen bis hin zu Hochzeiten und Sonnwendfeiern – das laute Krachen der Böller gibt den Feierlichkeiten die standesgemäße akustische Begleitung. Geschossen wird mit eigens für diesen Brauch hergestellten Prangerstutzen, die in der Hand gehalten werden. Das Schießen geht nach einem genau definierten Rhythmus von sich und wird vom Schützenhauptmann geleitet.

Nikolospiel

In Bad Mitterndorf im Hinterbergertal hat sich mit dem „Nikolospiel“ eine ganz besondere Tradition erhalten. Seit über hundert Jahren beginnt jedes Jahr am 5. Dezember mit Einbruch der Dunkelheit in dem kleinen Ort Krungl der Zug der verschiedenen Figuren, die an fünf Plätzen, meist Wirtshäusern, eine bäuerliche Version des „Jedermann“-Motivs spielen. Die Texte haben sich im Laufe der Zeit kaum verändert. Auch einige der Masken, die dabei getragen werden, sind schon sehr alt, sie werden im Heimatmuseum aufbewahrt.

Den Zug von insgesamt rund 80 Männern führen die „Strohschab“ an, die aus gedroschenem Kornstroh gefertigte Gewänder tragen. Charakteristisch sind die Kopfbedeckungen mit ihren meterlangen Hörnern aus drahtverstärkten Strohzöpfen, die in den Himmel ragen. Die „Schab“ tragen lange Peitschen, beim Nikolospiel sorgen sie für ausreichend Platz auf den Straßen. Dahinter folgt der „Quartiermacher“, sowie der „Nachtwächter“. Der „Quartiermacher“ fragt beim jeweiligen Hausherrn an, ob der Zug eintreten darf. Mit dem „Schimmelreiter“ geht der freundliche „Bartl“ einher – seine Maske ist mit über 200 Jahren die älteste. Er trägt einen großen Korb am Rücken, aus dem der Nikolaus und der Pfarrer Süßigkeiten und Obst an die Kinder verteilen. Der „Bettelmann“ und der „Sensenmann“ treten gemeinsam auf. Die „Habergeiß“ ist eine weitere besondere Figur, sie steht für Fruchtbarkeit. Damit ist auch schon der Reigen der gefährlicheren Figuren eröffnet: Der „Schmied“ kann den Zuschauern schon einmal mit seinem Hammer auf die Zehen klopfen. Die Bande der Krampusse verbreitet am Ende des Zuges Angst und Schrecken. Unter Luzifers Helfer mischen sich auch die so genannten „Nikolojäger“, die die Krampusse im Zaum halten und Acht geben, dass das Nikolospiel nicht außer Kontrolle gerät.

Bild linke Seite oben: Augstbachler Schützengesellschaft
Bilder linke Seite unten: Stolz ist das Schützendasein!
links Prangerschütze, rechts Bogenschütze
Bild oben: Die wilden Krampusse im Gefolge des Nikolo
Bilder Mitte und unten: Mit ihren langen Peitschen schaffen die „Strohschab“ Platz.

Bereits im 16. Jahrhundert gab es in Gmunden eine blühende Keramikproduktion, Ende des 19. Jahrhunderts war jedoch lediglich eine übriggeblieben: Hier wirkte der Keramiker Franz Schleiss, dessen Arbeit mit zahlreichen Preisen ausgezeichnet wurde und der es schließlich sogar zum Bürgermeister von Gmunden brachte. Die Schleiss'sche Werkstatt erfuhr vor allem zu Beginn des 20. Jahrhunderts, nach der Übernahme durch den gleichnamigen Enkelsohn, in enger Zusammenarbeit mit Künstlerpersönlichkeiten der Wiener Werkstätte eine Blütezeit. Einer war dabei besonders aktiv: Franz von Zülow, ein zeitweiliger Geschäftspartner von Schleiss, bemalte bald nicht nur Keramiken, sondern auch Wände, Decken, ja, das gesamte Mobiliar für seine Kunden. Viele der damals aktiven Kunstschaffenden gründeten 1928 gemeinsam die Künstlergilde Salzkammergut, die bis heute in Gmunden aktiv ist.
Die berühmte Gmundner Keramik wird immer noch in der ortsansässigen Manufaktur hergestellt. Das bekannteste Dekor ist „grün geflammt", die Farbe dominiert bereits seit 1780 die Gmundner Keramik. Davor gab es eine „blaue Phase", die Meisterleistungen europäischer Fayencen hervorgebracht hat. Neben den Mustern finden sich auch Darstellungen, die kulturgeschichtlichen Wert haben: so etwa Abbildungen der Traunreiter, der Pferdeeisenbahn und der ersten Dampfschiffe am Traunsee. Sämtliche Dekore sind von Hand gemalt und jedes Stück ein Unikat, genau wie die Keramikglocken hoch oben am Gmundner Rathaus.

Altmünster

Wendet man sich von Gmunden nach Süden, fällt kurz vor Altmünster Schloss Traunsee auf, das Herzog Philipp von Württemberg ab 1872 als „Villa Maria Theresia" für seine Frau erbauen ließ. Nach dem Tod Philipps und seiner Gattin diente das Anwesen ab 1927 unter anderem als Quartier für sudetendeutsche Flüchtlinge, als Heim der Hitlerjugend und heute als Internat.

Bild ganz oben: Die berühmte Gmundner Keramik
Bild oben: Apfelblüte am Traunsee

In Altmünster selbst erhebt sich seit dem Ende des 13. Jahrhunderts Schloss Ebenzweier. Das Schloss gelangte zu Beginn des 19. Jahrhunderts in den Besitz des Linzer Großbürgers Florian Max Clodi, der Ebenzweier zu einem beliebten Treffpunkt für Künstler machte. Hier malte Moritz von Schwind, Franz Schubert hat vermutlich 1825 einen ganzen Sommer hier verbracht. 1830 erwarb Maximilian Joseph von Österreich-Este das Anwesen und erweiterte das Gebäude im Stil der griechischen Klassik. Er schuf sich hier seinen Wohnsitz und war in Altmünster und Umgebung als Förderer zahlreicher Gruppen wie geistlicher Orden, aber auch Handwerkern der Region aktiv. Als Max Joseph 1863 starb, war die Trauer um den Gönner in Altmünster groß.

Das Ortsbild von Altmünster wird von der Pfarrkirche St. Benedikt geprägt. Der Kirchenbau lässt deutlich verschiedene Bauetappen und Stile erkennen. Der Turm stammt weitgehend aus der Romanik, der dreischiffige Mittelteil aus gotischer Zeit, der Altarraum schließlich wurde 1625–1627 im Renaissancestil erbaut, Sakristei und Oratorium erhielten 1905 ihre neubarocke Form. Der barocke Hochaltar stammt ebenso wie die beiden Altarstatuen St. Georg und St. Florian und einige Engelsfiguren vom Bildhauer Michael Zürn dem Jüngeren (1654–1698).

Bild oben: Ob es schön wird oder nicht, verrät der Hausberg: "Hat der Traunstein einen Hut, wird das Wetter gut."

Besonders bekannt ist die Pfarrkirche in Altmünster aber für ihre Krippe, die von Johann Georg Schwanthaler (1740–1810) geschaffen wurde. Schwanthaler entstammte einer Bildhauerfamilie, bereits sein Großvater hatte 1678 den Dreikönigsaltar für Gmunden geschaffen und damit den Grundstein für die Tradition der Krippenlandschaft im Salzkammergut gelegt. Da das öffentliche Aufstellen von Krippen unter Kaiser Joseph II. verboten worden war, begannen die Menschen, die Krippen in ihren Häusern aufzustellen. Bergknappen und Holzknechte, die im Winter mehr Zeit zur Verfügung hatten, fertigten selbst die Figuren und die Kulisse an. Die Szenen entsprangen dabei oft rein der Phantasie.

Während die Familie Schwanthaler im Raum Ried/Innkreis tätig war, richtete sich Johann Georg Schwanthaler in Gmunden seine Werkstatt ein. Dort schuf er auch die Krippe für die Pfarrkirche zu Altmünster, die aus sieben Bildern in sechs Vitrinen mit insgesamt über 60 Figuren besteht. Die Krippe hat viele Nachahmungen angeregt und gilt nicht zuletzt deshalb als „Mutterkrippe des Salzkammerguts".

Diese wie andere Krippen besichtigt man jedes Jahr Ende Dezember bei der so genannten „Kripperlroas". Darunter versteht man das Wandern bzw. Reisen (von „roasn", sich auf den Weg machen) von Krippe zu Krippe. Man besucht dabei sowohl Krippen in Kirchen als auch in Privathäusern; die für Interessierte offen stehenden Krippen werden dabei schon frühzeitig angekündigt und beschrieben. Die „Kripperlroas" findet an vielen Orten im Salzkammergut statt, wobei es regionale Besonderheiten gibt. So finden sich in Ebensee, wo die „Schnegerer", die Krippenschnitzer, eine lange Tradition haben, die „Ebenseer Landschaftskrippen", in denen die Krippenszenen in der Gegend um Ebensee dargestellt werden und heimische Figuren und Tiere miteinbezogen werden.

Bild oben:
Regenstimmung in Traunkirchen
Bild unten:
Die Schwanthaler Krippe in Altmünster
Bild rechte Seite oben:
Abendlicht bei Traunkirchen
Bild rechte Seite unten:
Bei Winkl am Traunsee
Bild nächste Doppelseite:
Goldene Momente – Sonnenuntergang bei Hois'n

In Altmünster findet sich mit der „Villa Traunblick" ein weiteres Haus mit Geschichte. Ab 1878 befand sich das Haus in Besitz der Familie Wesendonck. Mathilde Wesendonck ist Wagnerianern als Wagner-Muse und nicht zuletzt durch die Wesendonck-Lieder – Gedichte von Mathilde Wesendonck, vertont von Richard Wagner – ein Begriff. Am Traunsee weilte Wagner allerdings nie, die Beziehung zwischen ihm und seiner Muse hatte sich bereits mehr als zwanzig Jahre zuvor in der Schweiz abgespielt: Damals rettete ihn die Bekanntschaft mit den Wesendoncks, die ab 1851 in Zürich lebten und Wagner aus seinen prekären Wohnverhältnissen half. Sie ließen eine Villa für sich errichten, das am Nebengrund bestehende Landhäuschen vermieteten sie zu einem geringen Preis an den Meister und seine Familie, der hinfort an diesem paradiesischen Ort ungestört arbeiten konnte. Mathilde Wesendonck war sehr interessiert an Wagners Arbeit, er lehrte die noch sehr junge Frau viel über Musik. Die Beziehung war stark und intensiv, blieb aber wahrscheinlich zeitlebens platonisch, Otto Wesendonck blieb finanzieller Unterstützer des Komponisten. Schließlich kam es aufgrund der heftigen Reaktion von Wagners Frau auf einen seiner Briefe an die Wesendonck zu einem Skandal und die Wagners verließen ihr Zürcher Domizil.
Wenngleich der Kontakt auch in den folgenden Jahren nicht abriss, so wurde er doch sehr unregelmäßig. Dennoch hat Mathilde Wesendonck aus der „Villa Traunblick" einen Wagner-Tempel ohne Gleichen gemacht, Hauskonzerte standen meist unter dem Motto des Meisters. Unterstützung für ihren Wagner-Kult fand sie im Hauslehrer der Cumberlands: Der Klaviervirtuose Emil Hess wurde oft eingeladen, die Hausherrin am Klavier zu begleiten.

Traunkirchen

Traunkirchen bleibt ob seiner wunderschönen Lage auch Vorbeireisenden in Erinnerung. Der Ort war bis zur zweiten Hälfte des 19. Jahrhunderts die letzte auf dem Landweg zu erreichende Siedlung am Traunsee. Spätestens hier musste man aufs Schiff umsteigen, weil der Große und der Kleine Sonnstein ein Weiterkommen unmöglich machten. Die Straße bzw. die Eisenbahnlinie wurden 1861 und 1886 errichtet, nun konnte man ohne umzusteigen bis nach Bad Ischl reisen, was für die Sommerfrischler eine große Erleichterung war. Später freilich wurde der immer stärkere Verkehr zunehmend zur Plage und daher eine Umfahrung Traunkirchens unerlässlich.

Auch das Löwendenkmal kann man auf diese Weise zwischen den Tunnels nur im Vorbeihuschen erkennen. Der Löwe wurde zur Vollendung der so genannten „Kunststraße" 1861 zu Ehren von Kaiser Franz Joseph I. errichtet. Von dessen unbekanntem Erbauer ist nur sein tragisches Schicksal überliefert: Wenngleich das imposante Denkmal die großartige Leistung der Straßenerrichtung gut verkörperte, hatte es doch einen Makel – der Löwe hatte keine Zunge. Als das bekannt wurde, stürzte sich der Künstler in die Tiefen des Sees. Das Denkmal wurde in den 1960er-Jahren von Neofaschisten in die Luft gesprengt, man hat es liebevoll renoviert – Zunge hat das Tier aber noch immer keine.

Auf einem bewaldeten Felsvorsprung über dem See erhebt sich weithin sichtbar das Wahrzeichen des Ortes, die 1356 erstmals erwähnte Johannesbergkapelle. Sie befindet sich auf der Spitze des einstigen Odinsberges, der ein vorgeschichtlicher Opferplatz war, auf dem später auch ein römischer Tempel stand. Ein steinerner Kopf aus der Römerzeit ist in der Kapelle noch zu sehen. Beliebt ist der

Johannesberg auch bei Spaziergängern, man kann ihn am noch heute so genannten „Odinsweg" umrunden.
Die erste Abtei in Traunkirchen, die Abtei „Trunseo", wurde wohl bereits 632 erbaut. 1020 wurde von Nonnen aus dem Erinkloster in Salzburg ein Benediktinerkloster errichtet, das bis zur Reformation große Bedeutung für die Region hatte. Zweimal in seiner Geschichte wurde das Kloster bei Bränden nahezu komplett zerstört: Nach der ersten Feuerkatastrophe 1327 bauten die Nonnen die Gebäude wieder auf. 1632 wütete erneut ein Brand, diesmal begannen die Jesuiten, die das während der Reformation verlassene Kloster übernommen hatten, mit dem Neuaufbau jener Barockbauten, die bis zur heutigen Zeit erhalten sind. Die vier Andachtskapellen des Kalvarienberges wurde im Jahr 1739 ebenfalls von den Jesuiten errichtet.
1773 wurde das Kloster aufgelöst, die Klosterkirche wurde zur Pfarrkirche Mariä Krönung. Die Kirche beherbergt die berühmte Fischerkanzel, 1753 von einem unbekannten Künstler gestaltet. Die Kanzel, in Form eines Bootes geschnitzt, stellt das Wunder vom reichen Fischfang, wie es im Lukasevangelium beschrieben wird, dar: Die beiden Apostel Jakobus und Johannes ziehen ein Netz mit Fischen an Bord, im Hintergrund Jesus und Petrus. Am Kanzelhimmel befindet sich ein Bildnis des Heiligen Franz Xaver, eines Jesuiten und Pioniers der christlichen Mission in Indien und Japan. Um die Pfarrkirche erstreckt sich der stimmungsvolle Friedhof.

Bild linke Seite unten: Auch Musikanten brauchen eine Pause.
Bild oben: Die Fischerkanzel in Traunkirchen
Bild unten: Pfarrkirche Maria Krönung mit der berühmten Fischerkanzel

Die Tradition der Fronleichnamsprozession am See wurde 1632 von den Jesuiten eingeführt und erfreut sich, wie jene am Hallstätter See, auch heute noch großer Beliebtheit. Nach dem Hochamt zieht die Prozession in Richtung See auf die „Himmelsfuhre", die, von zahlreichen Booten begleitet, verschiedene Segensstationen feiert. Die Prozession am See hatte bei ihrer Einführung nicht nur räumliche Gründe – am Wasser gibt es mehr Platz als im Ort – sondern sollte auch dazu dienen, den Gläubigen in Zeiten der Gegenreformation das Eucharistiegeheimnis auf besonders eindrucksvolle Weise zu vermitteln.

Auch in Traunkirchen finden sich einige Villen mit Geschichte. Die „Spitzvilla," etwas außerhalb Traunkirchens gelegen, wurde 1897 vom Offizier Karl Rudolf von Slatin, genannt „Slatin Pascha", erworben. Er stand unter anderem im Dienst der englischen Königin Victoria und hatte als ehemaliger Gouverneur der Provinz Darfur Kontakte zu zahlreichen berühmten Persönlichkeiten seiner Zeit. So waren König Edward VII. und Kaiser Franz Joseph I. Gäste in seiner „Villa Spitz". Heute beherbergt das Gebäude ein Restaurant.

Die „Russenvilla", auch „Villa Pantschoulidzeff", hingegen wurde 1850 bis 1854 nach Plänen des berühmten dänisch-österreichischen Architekten Theophil von Hansen für eine russische Fürstentochter, Gräfin Sophie Pantschoulidzeff, erbaut. Die Gräfin gab glanzvolle Gesellschaften. Zu Gast waren unter anderem Erzherzog Maximilian, der nachmalige Kaiser von Mexiko, die Komponisten Anton Rubinstein und Wilhelm Kienzl, Rainer Maria Rilke sowie Adalbert Stifter.

Bild unten: Die heilige Rosalia, Schutzpatronin gegen die Pest, in der Pfarrkirche Maria Krönung
Bild rechte Seite: Traunkirchen mit dem Traunstein

Ein anderer illustrer Gast, von den Einheimischen eher argwöhnisch betrachtet, war Fritz von Herzmanovsky-Orlando. Er verbrachte zahlreiche Sommer in seiner „Villa Almfried" in Rindbach bei Ebensee. Herzmanovsky-Orlando, der in seinen Werken nicht mit antisemitischen und rassistischen Kommentaren sparte, äußerte sich jedoch nach dem Krieg empört über die Nazis in Ebensee: „Almfried" hatte das Kommando des KZ Ebensee beherbergt. In den 1990er-Jahren wurde das Haus schließlich abgerissen.
Neben dem namengebenden See finden sich in der Region Traunsee am Ende von Seitentälern vor grandiosen Bergkulissen gelegen noch weitere Gebirgsseen, auch diese beliebte Ausflugsziele: Die Langbathseen und der Offensee. Am Vorderen Langbathsee steht das ehemalige Jagdschloss Kaiser Franz Josephs I. Es erinnert daran, dass die Langbathseen, sowie das gesamte Höllengebirge, bis zum Ersten Weltkrieg als Jagdgebiet dem Kaiser vorbehalten waren und nur mit Genehmigung betreten werden durften. Heute ist lediglich der Hintere Langbathsee weder Fischern noch Wassersportlern zugänglich: Er ist absolutes Naturschutzgebiet.
Noch im 19. Jahrhundert wurde der Vordere Langbathsee aufgestaut, um das geschlagene Holz mit der Wucht des Wassers über einen Gebirgsbach bis nach Ebensee transportieren zu können, wo es zum Betreiben der Saline benötigt wurde.
Der Offensee, nahezu rechteckig geformt, liegt mitten in einem Naturschutzgebiet und wird im Norden vom Eibenberg, im Süden vom Weißhorn und dem Rinnerkogel umrahmt. Im Sommer ist er einer der wenigen Seen, an dem man fast immer noch ein schattiges Plätzchen finden kann, sein gesamtes Ufer ist den Badegästen zugänglich. Im Winter hingegen lädt er, oft zur Gänze gefroren, zum Eislaufen und Eisstockschießen ein.
Alle drei Seen sind Ausgangspunkt für wunderschöne Wanderungen. Von den Langbathseen

gelangt man auf den Feuerkogel und zur Hochsteinalm oder, in anderer Richtung, zum Hochleckenhaus. Vom Offensee dagegen kommt man zum romantisch gelegenen Wildensee ins Tote Gebirge, oder gar bis zum Almsee im benachbarten Almtal. Wer nicht so hoch hinaus will, sondern sich mit einer Seeumrundung begnügt, entdeckt dabei ein weiteres ehemaliges Jagdschlösschen der Habsburger.

Bild linke Seite: Am Offensee im Toten Gebirge
Bilder oben und unten: An den Langbathseen

Dank an:

Lorenz und Stella, Erich Lessing, Friedl Kubelka, Cristiano Cottafavi, Gabriella und Clemente Corsini, Sandra Vlasta, Emmie Montjoye und Peter Weiser, Petra Lokway, Peter Eltz, Felicitas Eltz, Elfriede Sekyra, Monika und Friedrich Mayr-Melnhof, Ina und Haik Zarian, Mariella Coreth und Ludwig Feitzinger, Gerlinde Sixt, Cecily Salm-Reifferscheidt, Valerie Czernin, Monika Gaiswinkler, Markus Wach und an all jene, die mir bei meinen Reisen im Salzkammergut mit Freundlichkeit und Hilfsbereitschaft begegnet sind, mit mir ihre Liebe zu dieser schönen Gegend geteilt haben und mit ihrem Wissen und ihrer Begeisterung geholfen haben, dieses Buch zu gestalten.

Literatur

S.A.M. Adshead: Salt and Civilization. London: MacMillan, 1992.

Ferdinand von Andrian: Die Altausseer. Ein Beitrag zur Volkskunde des Salzkammerguts. Altaussee, 1975 (Originalausgabe 1905).

Winfried Aubell: Bergmann im Salz. Wels: Welsermühl, 1987.

Bernhard Barta (Hg.): Künstler & Kaiser im Salzkammergut. Wien: Christian Brandstätter Verlag, 2008.

Wolfgang C. Berndt ua. (Hg.): Der Attersee. Die Kultur der Sommerfrische. Wien: Christian Brandstätter Verlag, 2008.

Johanna Gräfin zu Eltz: Das Ausseer Land. Altaussee, 1981 (Originalausgabe 1947).

René Freund: Aus der Mitte. Skizzen aus dem Salzkammergut. Wien: Picus Verlag, 1998.

Dietmar Grieser: Nachsommertraum. St. Pölten: Niederösterreichisches Pressehaus, 1993.

Volker Hänsel (Hg.): Vom Leben auf der Alm. Ausstellungskatalog. Trautenfels: Verein Schloss Trautenfels, 1988.

Ernst Keiter: Die Sommerfrischen am Attersee, Mondsee und Wolfgangsee. Wien: Wilhelm Braumüller K. K. Hof- und Universitätsbuchhändler, 1882.

Anton Kern u.a. (Hg.): Salz-Reich. 7000 Jahre Hallstatt. Wien: Verlag des Naturhistorischen Museums Wien, 2008.

Joachim Klinger (Hg.): Salzkammergut. Wien: Verlag Christian Brandstätter, 1990.

Alfred Komarek: Ausseerland. Die Bühne hinter den Kulissen. Wien: Kremayr & Scheriau, 1992.

Alfred Komarek: Österreich mit einer Prise Salz. Ein Mineral macht Geschichte. Wien: Kremayr & Scheriau, 1998.

Alfred Komarek: Salzkammergut. Reise durch ein unbekanntes Land. Wien: Kremayr & Scheriau, 1994.

Mark Kurlansky: Salz. Der Stoff, der die Welt veränderte. Berlin: Ullstein, 2004.

Franz C. Lipp / Eva Bakos (Hg.): Tracht in Österreich. Geschichte und Gegenwart. Wien: Christian Brandstätter Verlag, 2004.

Lutz Maurer (Hg.): Wenn du nur schon bey mir waerest... Aus Tagebüchern und Briefen von Erzherzog Johann und Anna Plochl. Grundlseer Schriften Band 1. Grundlsee, 1997.

Friedrich Morton: Der urzeitliche Salzbergbau in Hallstatt. Wien: Montan Verlag, 1963.

Dieter Neumann / Rudolf Lehr: Menschen, Mythen, Monarchen in Bad Ischl. Bad Ischl: Salzkammergut Media, 2008.

Heinrich Noë: Österreichisches Seenbuch. München: Hugendubel Verlag, 1983 (Originalausgabe 1867).

Robert Pauritsch / Norbert Adam: Brauchtum in der Steiermark. Feste, Bräuche, Rezepte. Wien: Styria Verlag, 2007.

Barbara Reiter / Michael Wistuba: Salzburg / Salzkammergut. Erlangen: Michael Müller Verlag, 2006.

Viktor Theiss: Erzherzog Johann. Der steirische Prinz. Wien (u.a.): Hermann Böhlaus Nachfolger, 1981.

Gesine Maria Tostmann: Tracht und Mode in Österreich. Traditionseinflüsse in der Kleidung der Gegenwart. Wien: 1967.

Christoph Wagner / Kurt-Michael Westermann: Salzkammergut. Natur- und Kulturlandschaft. Wien: Edition Christian Brandstätter, 1996.

Register